Chemins de Tables

Kilien Stengel

Chemins de Tables

roman

Ramsay

Chemins de Tables

Première édition

Epilogue

La vie, c'est comme une boîte de chocolats : on ne sait jamais sur quoi on va tomber. Forrest Gump, poète et philosophe, endurant et patient, inflexible et flegmatique, icône d'une époque. Mais une fois le sucre de l'enfance consommé, que reste-t-il sinon l'amertume du cacao ? Une fois la boite vidée par des enfants perdus, peut-on remplacer les chocolats par les crevettes de Bubba Gump ? Une crevette peut-elle prendre la place d'un chocolat ? Le sucre de l'enfance et le sel de la vie peuvent-ils se confondre ? Un gamin peut-il prendre la place d'un adulte ? Un individu manuel et inculte peut-il devenir un être sachant ? Une nappe rectangulaire peut-elle se disposer sur un meuble rond comme un chemin de table ? M'imaginer un chemin. Me montrer le chemin. Toujours en équilibre sur le bord de ce chemin, prêt à me rattraper aux branches pour éviter la chute. *La vie, c'est comme une bicyclette, il faut avancer pour ne pas perdre l'équilibre.* Albert Einstein

AUX ORIGINES, A CLAMECY

Une porte s'ouvre, une porte vitrée avec une grosse poignée latérale en bois, comme il en existe beaucoup à l'entrée des boutiques. Nous sommes à la fin des trente glorieuses, dans une bourgade de la Nièvre. Collés sur cette vitre, un autocollant de « Maitre artisan coiffeur », une affiche qui fait promotion de la « Fête de l'andouillette et du vin blanc », et une autre du « Bal de la Gigouillette ». Ces affiches, je les connais bien, je les distribue aux commerçants pour me faire un peu d'argent de poche. Ma main, celle d'un gamin d'à peine dix ans, referme lentement la porte derrière une cliente, pour ensuite aller épousseter, sur la pointe des pieds, les cheveux d'un autre client sur le départ. Un geste qui, dans ce salon où mon père officie en maître, me rend serviable et inutile à la fois, visible mais sans existence particulière, et totalement oublié de la mémoire de la clientèle une fois passée cette porte. Avant de rentrer une cliente observe son reflet dans la vitrine, elle replace ses mèches. Elle ne me voit pas. Elle ne voit qu'elle. Quelle idée de se recoiffer avant de rentrer dans un salon de coiffure. A chaque ouverture et fermeture, la porte fait tinter les clochettes accrochées au plafond, qui viennent finalement remplacer la sonnerie électronique en laquelle nous avions tant d'espoir de modernisme mais qui dysfonctionne inlassablement. Une évolution des modes que mon père tente de suivre à sa façon. Coiffeur qui n'a pas de chance, il est doté d'une calvitie intégrale. Rien de très commercial pour cette profession. Il a donc choisi le must des années 1970, à savoir la perruque, et gardera sa moumoute toute sa vie durant. Une prothèse dont beaucoup usent pour le tourner en ridicule, dans les soirées arrosées. Mais moi, je ne vois que son visage, malgré les moqueries qui me tuent quelquefois.

Le nez collé à la porte vitrée, qui me parait mesurer presque deux fois ma taille, j'observe mon monde, entre deux arrivées ou départs de clients. Devant moi, la place du village où se situe le salon de coiffure, entouré par la collégiale à gauche, et une épicerie « Coop » à droite tenue par le précèdent maire, un « communiste ! » mais je ne comprends pas ce que cela signifie. Je joue souvent avec sa petite fille sur le perron du magasin. Les hirondelles vont et viennent sans cesse, ramènent dans leur bec une brindille, construisent leur nid dans les interstices des sculptures dentelles du porche monumental de l'église. Leur mouvement perpétuel est comme un ballet. Leurs sifflets stridents sont irritants. Leur balayage vocal, en va-et-vient, reste inscrit chaque soir à mon esprit comme une ritournelle. Une cacophonie de l'aigüe. A côté, le vol des pigeons, lourdauds. Cela donne l'impression de deux générations qui s'assemblent, l'une vive et l'autre placide, passive.

La retraite passe à 60 ans. Tout le monde en parle. Mes soixante ans sont tellement loin. Le temps est si lent. A l'image de la vitesse d'affichage d'une page du Minitel qui vient de nous être livré par les services des PTT. L'horloge, au fronton de la mairie, face à moi, affiche 11h30. La radio locale chante Souchon « On est foutu, on mange trop ! ».

— Papa ! Je vais chercher le pain.

« Comme une fusée » certains disent de moi, ou « comme un dératé » pour d'autres, je cours chez le boulanger, au risque une fois encore de trébucher, de perdre ma pièce de deux francs pour le pain, et de déchirer mon pantalon. Ma mère me rouspètera sans enlever ses bagues. Pourquoi courir pour une telle banalité ? Simplement parce que mon père me demande quotidiennement de lui rendre service en faisant cette « course », que je comprends aux deux sens du terme.

— Ah ! V'la le fils du merlan. Qu'est-ce que tu veux aujourd'hui ?

— Une baguette et une ficelle sans sel, s'il vous plait !

La ficelle est destinée à ma grand-mère chez qui je déjeune chaque mercredi midi. Elle me prépare un steak revenu dans une grosse noisette de beurre qu'elle forme à l'aide d'une cuillère à soupe, en y ajoutant une belle cuillère d'huile. Elle fait toujours brunir les matières grasses avant d'y ajouter la viande. La pièce de bœuf est accompagnée d'un gratin de pâtes, ou de spätzles faits main comme les faisaient également ses aïeux alsaciens. Et les mercredis se succèdent emplis d'effluves enivrants du Guerlain Shalimar mélangés aux odeurs fermentaires du kouglof. Mon grand-père est décédé quelques mois auparavant, la veille de mes dix ans. Il était une figure locale, très actif dans le monde associatif. Tout le monde l'appréciait. Toute la famille s'est réunie pour son enterrement, et mon anniversaire est passé à la trappe.

L'été, je vais au centre aéré, pendant que mes parents travaillent au salon de coiffure. Au goûter les animateurs du club enfant prennent la guitare et entonnent « Jolie bouteille, sacrée bouteille, veux-tu me laisser tranquille, ... ». Drôle de comptine. Les fêtes estivales de l'andouillette et de la Gigouillette que mon père organise, se succèdent. « La fête de l'andouillette et du vin blanc » a au programme un concours de *Miss andouillette,* un concours de la meilleure andouillette, et un concours du plus gros mangeur d'andouillettes. Une fête arrosée du vin blanc tannaysien qui donne l'occasion, à cette cité des Vaux d'Yonne, berceau d'Alain Colas, de redevenir celle de Colas Breugnon : *bon vivant, bon buveur et fort mangeur, qui savait profiter des agréments de la vie pour en oublier les ennuis.* La fête de la Gigouillette, quant à elle, utilise mes services pour son lot de distributions de colis alimentaires aux plus démunies, comme à l'organisation de ses banquets philanthropiques. Des activités dans lesquelles j'aime passer du temps.

Durant une heure, la messe des samedis soir. J'officie en qualité d'enfant de chœur. Je sers le vin dans le calice que je confonds régulièrement avec le ciboire. Une fille, toujours à la même place au milieu des chaises de l'église, chaque semaine. Sa silhouette se détache clairement parmi les fidèles plus âgés. Elle est face à moi. Je m'avance, comme elle, au moment de l'eucharistie, sur le devant du chœur, aux côtés du prêtre, en faisant sonner la cloche. Mais, alors que je ne me trouve plus qu'à un mètre d'elle, elle baisse les yeux et son regard fait volte-face dans un sursaut, comme prête à se défendre. Ou tout simplement peut-être pratique-t-elle un rituel religieux visant à respecter le corps du Christ au plus haut degré de l'incorporation ? Je ne comprends pas ce rite, faux-semblant de cannibalisme remplacé par du pain azyme, un pain qui ne lève même pas, qui ne m'élève pas, mais que je dois « incorporer ». Mettre le corps d'un autre dans mon corps. Faire entrer dans ma chair ce mec avec ses clous et sa couronne de barbelés, pour que mon âme soit meilleure. J'ai mal au ventre. Je ne saurai jamais ce que j'ai dans mon ventre caché derrière mes apparences, selon Goldmann. Marqué par le choc du choix de Pilate, je me sens comme vivant dans un tombeau. Je fige mon regard vers elle un instant, le temps qu'elle me reconnaisse, déguisé dans mon aube blanche. Je tends toujours le ciboire. Elle relève la tête. Une lueur de satisfaction éclaire son regard, à moins que ce ne soit les vitraux qui jouent avec la lumière. Envie de lui répondre par un regard mais manque de réactivité, manque de confiance en moi. Cette satisfaction me concernait-elle ou concernait-elle l'incorporation de l'hostie ? Je doute, je doute de tout et surtout de moi. Je regagne ma place dans le chœur et elle dans les rangées. Le silence s'installe. Gagné par le froid, je frissonne. Et si je tombais dans un état de grâce, dans un état désincarné, façon Bernadette Soubirous ? Mes mains se cachent sous l'aube pour tenter de se réchauffer dans mon pull. Les convecteurs électriques dans la collégiale sont inutiles compte-tenu de la superficie à monter en température. Je regarde au loin dans la nef. La fille m'observe, je le sais. Son visage est sévère. Rien ne m'atteint, rien ne peut m'émouvoir. Son regard s'appuie sur moi. Je frissonne de nouveau. Dans ma tête pas de règle, par de logique, pas de processus. Anomie totalitaire. Tout cela n'a pas de sens. Tout prend du sens. Sans doute, est-ce son regard qui fait naître en moi ce sentiment de vulnérabilité ? Ou bien la messe dans la nuit, qui n'en finissent pas l'une et l'autre, l'une dans l'autre ? L'heure mal définie, trop tôt ou trop tard...ou encore notre différence d'âges... trop. Trop de choses traversent ma tête. A l'église tout ce qui est comestible est bon, glorifié, pur et symbole d'alliance entre l'homme et Dieu. Point de jonction entre lui et moi, moi et les autres fidèles. Lieu de fusion d'une communauté autour d'une si maigre communion digestive. Lieu d'empreinte du rituel d'incorporation qui tente de nous transmettre la lecture d'une nature harmonieuse. Une nature au service de l'homme ou des hommes au service de la nature ? Pour le moment, je ne fais que servir un Dieu invisible, que d'être asservi. Le vin et l'hostie sont les médiateurs entre un bas et un haut, entre des gens communs en milieu hostile et un superhéros locataire d'un palace Eden-roc, entre une terre carnivore nourricière et un paradis qui ne mange que des pommes. Ma bouche est une ouverture du corps pour cannibaliser Dieu. Ouverture pleine d'impuretés qui (dé)mesure l'ardeur, le plaisir, l'avidité de manger. Bouche, outil de la gourmandise. Je dépose mon aube et rentre à la maison.

La télé en noir et blanc regarde mon père dormir dans son fauteuil et retransmet, au milieu d'un nuage de fumée de cigarettes, une bagarre sur le plateau de l'émission *Droit de réponse*. Siné, le Professeur Choron et des étudiants se foutent sur la tronche au sujet du journal *Charlie Hebdo*, et s'envoient leurs bières à la figure. Michel Polac s'excuse auprès des téléspectateurs. A croire que *Charlie Hebdo* finira un jour par faire couler du sang, tellement la malveillance transpire dans leurs échanges. Moi, je préfère regarder les épisodes de *L'hôtel Buc, Merci Sylvestre,* ou *Le Loufiat* incarné par un jeune qui débute, Florent Pagny.

Un nouveau voisin, Morad, arrive sur la place. Sa famille a repris la pizzeria et ne croit pas au même Dieu que la mienne. On me dit de croire en un dieu qui me voit et me surveille. Mais je ne l'ai jamais vu. Il me fait peur, plus qu'il ne m'émerveille. Vu que je n'ai jamais vu de licorne, je n'y crois pas aux licornes. Alors pourquoi devrais-je croire en ce Jésus que je n'ai jamais rencontré ? Scepticisme saint-thomasien. Besoin de justifications rationnelles et de valeurs objectives.

En dehors des week-ends où la cinquantaine d'amis de mes parents organise un méchoui au milieu d'une ferme, chaque dimanche, en compagnie de mon père, se dresse devant moi une scène de table matinale, une cène de franche camaraderie bourguignonne entre chasseurs, dans une cabane au fond des bois. Ces dimanches entre hommes ont quelque chose de réel et d'irréel à la fois, d'interdit et de fantasmatique, de cadré et d'incongru, mais surtout de précocité. Enfant projeté dans les réflexions des adultes, dans leurs repères sociétaux comme gustatifs, dans leur espace de liberté. Moment de causer sans la présence de leurs épouses. Paroles crues et facétieuses sur les femmes, sur les obligations de la maison, et la suppression de la notion de chef de famille. Une sorte d'anti-quotidien. Moment d'exquise réceptivité de ces curieuses conversations. C'est une parenthèse, un intermède. L'espace naturel si familier se charge de sens et s'ensauvage, à l'image du comportement des copains chasseurs. Les épisodes de repas, de plaisanteries potaches, de bavardages politiques, de narrations de vécus, d'affut, d'enthousiasme et de partage d'un verre, qui ponctuent la partie de chasse, m'apportent la lecture de nouveaux rites : barbecue archaïque, manger avec les doigts, au milieu des champs. Une sorte d'anti-cuisine. Mon père comme ses amis, pesant un quintal chacun, profitent de la bonne chère, et s'étouffent en vociférant qu'ils sont de féroces gastronomes. Ainsi excès et gastronomie sont, dans cet antre, confondus sans retenue.

— Ce qui tue le gibier, c'est la modernisation !

Il est vrai qu'il y a quelques années auparavant on trouvait encore pas mal de marcassins et de brocards, sur le terrain des Guettes et dans la forêt domaniale. La chevrotine volait à quarante mètres. Mais depuis peu, les carabines à lunettes, qu'utilisent les autres sociétés de chasse, deviennent presque obligatoires pour permettre de toucher à plus de deux-cents mètres. Avec une telle arme, l'animal, s'il existe encore, n'a malheureusement plus aucune chance. La promenade sur les traces des animaux, la lecture des empreintes, le tapissement pour ne pas être vus. Tous ces savoir-faire et petits moments que je partage avec mon père certains dimanches, je sais bien qu'ils finiront par disparaitre. Nous, pour approcher les animaux, on se lève tôt le matin. On enfile des chaussettes qui grattent, dans les bottes en plastiques qui irritent mes mollets. On marche dans la neige. Mes doigts de pied sont gelés. Je n'ose pas me plaindre. Mes bottes écrasent l'herbe solidifiée par le givre. Cela fait un bruit remarquable qui m'amuse. On se positionne en haut de la colline. Nous sommes peu de chasseurs. Je tiens les chiens en laisses. Le gibier se méfie. Il sait que les chasseurs viennent d'en bas de la colline, depuis la vallée, là où les cheminées fument. La plupart du temps, on ne ramène rien. De toute façon ce que je préfère, c'est la fin de la promenade, le retour à la cabane de chasse. Les engueulades bon enfant entre les chasseurs au sujet de la politique ou des « vrais » critères de qualité du foie gras, les bouteilles qui se débouchonnent, les laguioles qui se déplient, le pain qu'on rompt, les huitres qu'on ouvre pour accompagner le blanc, et les verres qui s'entrechoquent. Un lièvre qui n'a pas échappé à la mitraille me regarde, livide. Il a une sorte de poils en or. Seul trophée du jour. Il offre toutes les attentions une seconde durant, puis est oublié à la faveur des bouteilles. Pourtant au moment de tous repartir, les chasseurs échangent une dernière fois au sujet de cette pauvre bête. Un trophée du jour, ça a de la valeur. Qui repartira avec cet animal à dépecer ou le faisan à plumer ? Chacun y va de son honneur d'avoir su définir le bon chemin, ausculter le bon lieu, avoir su dénicher l'animal ou bien avoir pu retenir les chiens. La médaille pourrait être détenue par celui qui a mis le coup de grâce, mais les coups de fusil si nombreux à avoir retenti en même temps laissent planer un doute. Alors on tranche le sujet autour d'un verre ! Mon père se fait chahuter par ses camarades de chasse. Pour plaisanter, ils lui prennent sa casquette et l'utilisent comme un pigeon d'argile. Je me mets à pleurer. J'ai peur de la réaction maternelle au retour au foyer. Alors on relativise le sujet autour d'un verre !

En bourguignon de souche aux racines alsaciennes, tout ce qui est propre au vin s'approprie une partie de ma vie. Au-delà de toutes les désinhibitions que peut procurer cette boisson, j'aime chez elle le théâtre qu'elle met en scène. Enfant, mes dimanches d'automnes se succèdent dans les caves humides aux odeurs de fûts. La cave du vieux Girard qui me fait découvrir mon premier blanc sec détartrant l'émail de mes dents et désenflammant mes gencives. La cave de chez Colas Breugnon marquée par les souvenirs de Romain Rolland et de mon grand-père. Enfin, la cave de mon père dans laquelle je trie, classe, organise, apprends à respecter les bouteilles et découvre leur valeur patrimoniale. La cave de mon père, voûtée, aux si hautes marches de pierre et au soupirail qui parle, qui raconte les chuchotis de la place de l'église. Comme un espion, j'entends sans que l'on ne me voie, j'étudie les passants, je mémorise les secrets entendus, dissimulé sous le trottoir. A la maison, dans son buffet, mon père entasse des paniers à bouteille, pour les tables du dimanche, des carafes à aérer, bouchons et tire bouchons des plus insolites. Chaque bouteille est alors délogée de sa cellule dans un cérémonial respectueux, mise à l'honneur par des louanges et propos tribuns offrant à l'imaginaire une multitude de formules et de repères culturels.

Mon meilleur ami, Philippe, est le fils du salon de coiffure concurrent, de l'autre côté de la place. Son père détient une parcelle de vigne. Je cours dans les quelques rangs de pinot, le jour des vendanges. Après la récolte, tandis que les adultes sont à table, nous nous glissons discrètement dans le chai, ouvrons la cannelle, goûtons au vin doux, plaisir interdit, sans limite, rafraichissant, qui après deux heures devient un moût enivrant. « Vin doux, crévindiou ! » s'exclame Copin, le simplet du village, qui devant le portail vient quémander sa chopine. « Une chopine pour Copin ! » ajoute-t-il. Echanges souriants avec cet homme que personne ne comprend, que personne n'écoute, que tout le monde évite car il parle avec des ombres, avec des voix qui dansent dans sa tête, qui cognent dans sa tête. Il existe bien un langage des fleurs, un alphabet braille, des discours politique, des récits poétiques, une méthode scientifique, une éloquence des arts, il existe également le langage des fous, des perdus. Une langue qui devient commune quand un esprit s'enivre et gagne en éloquence, l'éloquence du vin. L'haleine de Copin est aussi suffocante que le gaz carbonique en haut des cuves. Zone interdite, trop dangereuse. Mais les interdits sont faits pour être outrepassés quand on est enfant, même si le fouet vaut mieux qu'une punition dans la famille de Philippe. On respire le Co^2, on attrape mal à la tête, on parle avec des « inconnus », on consomme du moût en cachette, on joue les grands.

Le dimanche suivant, celui de la fête paroissiale, ma mère vend des andouillettes. La fumée qui émerge de son barbecue rudimentaire crée comme un nuage devant elle, qui la rend floue à ma mémoire. Mon père est à l'organisation générale de l'évènement. Il donne ainsi de son temps pour bon nombre de fêtes gastronomiques locales. Derrière lui, j'aide à servir les assiettes anglaises.

On dit bien qu'à l'approche de la nuit tous les chats sont gris. Pour moi, une fois couché, l'imagination fonctionne sans garde-fou. C'est le moment où, depuis mon lit, j'attends le retour de mon père de ses réunions associatives et politiques et où j'entends ma mère user de ses excès. C'est le moment des rêves, minutes des perspectives d'un âge adulte idéalisé, moment des cauchemars, des réveils en sursaut avec un « papa » aux lèvres... L'heure de crier « Au secours ! Protégez-moi ! » Et si l'on ne dort pas, que faut-il faire pour traverser l'enfance ? Je regarde toujours au loin et j'imagine ma vie d'adulte parfaite, sans accroc. La main chaude de mon père se pose sur ma tête.

— Dors fiston, dors...

Mais ma tête est ailleurs, dans une autre vie. Je m'imagine père, avec un ou deux enfants qui me crient « Papa ! ». L'aube approche et verra bientôt une nouvelle journée scolaire. Encore un matin goldmannien. Dans quelques heures ce sera le jour, un autre jour. Bien qu'ayant compris chacun des mots de mon père, je m'interroge et m'échappe encore du conscient au subconscient, du clair-obscur aux nuances entre gris clair et gris foncé, de la réalité du quotidien à la fiction, du réalisme à l'idéalisme. Je me fais, seul, mon cinéma. Je sais qu'il me faudrait plutôt parler, mais je ne sais pas à qui parler et je ne sais pas quoi dire. En même temps, je me vois de quelques années plus vieux, et me laisse croire que ce sera mieux. Les années ne passent pas assez vite. La longueur étant, elle est tant de langueur. Elle étend la lenteur du temps. De temps en temps, j'aime, à temps perdu, me faire croire que le temps n'est pas lent, et surtout que je ne vais pas perdre mon temps. A la télévision, Balavoine dit que ma génération est perdue. Perdue dans le temps ? Intemporelle ? J'ai tant à faire à l'avenir. Et si je multipliais les « tant » ? Et si je multipliais les « temps » ?

Feu de camp catéchèse. Autour de son cou, tout en longitude, comme un drapeau arboré, l'écharpe de soie blanche reflète un code romantique de notre génération. Seul le Petit Prince et son donneur de répliques peuvent comprendre ce qui m'émeut. Le vent nocturne du Morvan souffle sur le tissu, et me soumet de flotter avec lui. Pour la première fois de leur vie, mes genoux accueillent, par cette collégienne, une personne de la gent féminine. C'est alors qu'assise là, elle m'offre à mon tour le droit de m'enrouler dans ce rectangle soyeux. Un prêt éphémère brodé de fils blancs. Aussi bref que l'envie de graver au compas son prénom claire et cristallin, sur les tables d'école. Epitre sur pupitre du pitre de la classe. Au collège, pour que les autres le sachent, chacun inscrit, dans la première épaisseur de contre-plaqué de la table de classe, ce qu'il voudrait voir être proche de lui ou ce qu'il voudrait voir s'en éloigner. Les premiers réseaux sociaux naissent ici, avec des « j'aime » au marqueur et des « smiley » au stylo. Les termes employés sont quelquefois romantiques et d'autres fois assez crus. Mon enfance se meurt au fil de ces lectures. Le cinéclub diffuse « La Guerre du feu » de Jean-Jacques Annaud, à destination de tous les collégiens. Je suis perturbé par la scène d'accouplement. Une politique de l'obscène et de la transgression m'entoure. A 20h, Collaroshow et Benny Hill en remettent une couche. J'oblige mon père à mettre le J.T. : Suppression de la loi anti-homosexuelles, majorité sexuelle à 15 ans pour tous, attentat antisémite dans le restaurant Goldenberg rue des Rosiers. Une modernité inquiétante.

Ici, dans cette petite ville de la Nièvre, l'actualité c'est le quotidien. Rien de grandiose ou de novateur. Ici, la scolarité est réglée comme du papier à musique. Le destin individuel est conditionné par la naissance et l'origine sociale. Les classes de sixième sont organisées par catégories socioprofessionnelles. En 6^{eme}A, on trouve les « esthétiques esthètes », les enfants de bonnes familles, de professions libérales et d'enseignants, auxquelles on ajoute un intello d'une provenance sociale différente. La 6eme B regroupe les « challengers », enfants des commerçants et des petits industriels locaux. La 6eme C, les « endurants », fils et filles d'artisans et de chefs de services de l'usine de produits chimiques. Les 6emes D et E cumulent les enfants d'ouvriers, les « ombres ». Les classes sociales — ensemble d'éléments ayant un point commun — forment chacune une classe scolaire. Le chômage n'a pas encore la prédominance qu'il connaitra dans les années 90. Ici on hérite la plupart du temps du métier de son père et le collège adopte cette conformité. Dans cet établissement scolaire, les profs, par mon nom et son identification dans la ville, prédéfinissent mon profil et mes valeurs. On me voit manuel. Malheureusement, je ne pourrai pas devenir coiffeur, ma grande sœur vient de déclarer sa flamme pour cette voie afin de reprendre le salon familial dans quelques années. Il n'y a donc aucune vie qui m'attend. Jeté dans le monde depuis ma naissance, je ressens ma condition comme un joug. Mon père me dit que dans la restauration je n'aurai jamais faim. Jean-Jacques me dit que « J'ai pas choisi de naître ici, entre l'ignorance, la violence et l'ennui, entre la soumission, la peur ou l'abandon. Ici les dés sont pipés. J'm'en sortirai, j'me le promets. Loin de cette fatalité qui colle à ma peau. Et s'il le faut, j'emploierai des moyens légaux. Je remplirai ma tête d'autres horizons, d'autres mots. Je me le jure, à coup de livres, je franchirai tous ces murs ». Pour le moment, mes notes scolaires ne sont pas phénoménales. Faudrait que j'apprenne d'abord à ouvrir un livre. Pour éviter de recevoir une salade de phalanges maternelles, je préfère tricher et modifier mes résultats. Je maitrise alors l'art de savoir changer un 3 en 8. Mais les clients d'un salon de coiffure parlent beaucoup dans une petite ville, surtout quand ils sont profs au collège. Mes joues s'en souviennent.

Voyage de jumelage avec le collège allemand de Gelnhausen. Ma correspondante est mignonne mais de quatre ans mon ainée, comme l'ensemble de ses amies. Le soir, dans les rues de la ville, on retrouve des jeunes motards attirés par les jolies demoiselles qui m'entourent. Sur fond de « Nein nein Luftballons », les blousons de cuir proposent un jeu : bras droit croisé avec celui d'une jeune fille, l'un et l'autre vident une bouteille d'Heineken d'une traite. Le premier qui termine a le droit de faire un smack à son adversaire. Premier smack, premières déchéances.

J'ai 12 ans, âge où le sel de la vie a un goût amer. Dans ma chambre, l'affiche de l'équipe de Saint-Etienne voisine celle du Van de Barracuda et celle des Beatles. Sur mon bureau, un casier à 30 micro-tiroirs renferme mes stylo-sarbacane ou stylo-feuille de pompe, les plus beaux morceaux de quartz jamais ramassés, des aimants cassés aux polarités affolantes, et bien d'autres trésors. C'est aujourd'hui, pour moi, l'échéance à laquelle je dois définir les tenants et aboutissants de ma vie. Passer aux choses sérieuses. Assis sur le muret qui surplombe l'Yonne, théâtre où les jouteurs sur barques, lances à la main, s'esquivent, moi je fais face à mon destin et rumine à cela sans cesse. Mon esprit mitraille des idées en tout genre. Mes réflexions sont comme un sens intérieur, une opération de mon âme, une production de l'entendement, une sixième perception sensorielle. Mon walkman sur les oreilles, Elsa me dit « T'en vas pas », « Il veut se voir dans le rôle de sa vie ». Dans cette ville où j'ai grandi, rien ne m'attend, sinon les souvenirs de mes aïeux et ceux que je pourrai construire. Comme sur une île, aussi réduites, ma perspective et ma réflexion ne s'étendent que là où je respire. Ressemblant à une mise en péril, à une tragédie, je perds mon temps, et use ce temps, dans des délires d'imagination. Dans les yeux de mes congénères, remplis de vide, l'ambition n'existe pas. Je regarde les rues sinistrées que mon père avait pourtant connues animées quelques décennies auparavant. Je regarde, dans les cafés fertiles, ces sinistres jeunes usés, endormis, unanimes chômeurs exilés. Leurs parents, gens de la terre, se terrent et se taisent dans une sorte de cloître, d'âtre, où leur maison devient prison.

Dupont, le prof d'histoire, demande à chacun des élèves de la classe ce qu'il voudra faire à l'âge adulte. La majorité reprend le thème familial et héréditaire. Comme je donne des coups de main, durant les week-ends et les vacances, au service du restaurant « La Boule d'or », j'annonce fièrement :

— Serveur !

— Mon pauvre, même pour ça tu n'es pas assez courageux, réplique l'enseignant.

Pourtant ces services, à l'occasion de banquets, me sont utiles pour canaliser l'adolescent en furie que je suis. Insurgé contre la société, étudiant de la rue, boxeur aux poings nus, ou « écorché vif », comme disent certains. Au comptoir de l'Hôtel de la Boule d'or, je vis un choc mystique avec la gastronomie en découvrant la poussiéreuse restauration des années 1950 « dans son jus » : Crudités en ravier servies à la française, bouchée à la reine ruisselante de gras, Saint-Honoré, etc. Expérience gustative illuminée, bouleversante et religieuse à la fois. Dans le cadre d'un hôtel-restaurant distribué dans une ancienne église, l'ordre ecclésiastique prend une toute autre figure. Les lieux me touchent, par leur luminosité, leur âme, et l'imaginaire qu'ils fournissent. J'aimerais vivre plusieurs fois ce sentiment dans ma vie. Comme une foi, une forme de vie et une sorte de gastrosophie règnent sans le savoir dans cette grande chapelle du goût. La maitresse-femme qui tient la caisse, en mégère mal apprivoisée, rend l'accueil ténébreux et théâtral. L'époux, aux fourneaux, rigolard et gueulard, tend à insuffler une ambiance bonne enfant. Le fils quadragénaire, en salle, ne trouve ni sa place, ni son identité, ni la reconnaissance de ses parents. L'alcool et le tabac lui apporte malheureusement le réconfort de son infortune. Au comptoir, les clients habitués ne se font pas prier pour reprendre quotidiennement, dès l'ouverture, leurs places attitrées de piliers de bar. Toutes les couches de la société sont réunies et tous les vices également. Partiales, hostiles, stupides, craintifs. Cette tradition du village aux 12 bistrots et 12 salons de coiffure, balise le chemin des vertus et des conduites éthiques locales. Les 4 valeurs vertueuses du pilier de bistrot sont : mensonges, paroles blessantes, discordes, paroles futiles. Pourtant chacun, au fond de lui, vient chercher dans son verre, une parenthèse, la foi, l'espérance et l'amour de son prochain.

A côté du salon de coiffure, l'épicerie s'est transformée en pizzeria sous l'impulsion d'un jeune dynamique. Ce Golden boy de province pilote son commerce de pizzas depuis sa terrasse, assis en sirotant une bière, avec une facilité déconcertante. Hâbleur, tribun, jovial, dragueur, l'homme se montre comme une incarnation de la réussite économique et de l'intégration sociale. Il arrive de Paris et en quelques mois son adresse est devenue le rendez-vous le plus prisé des différentes couches de la population locale. Alors que je promène les chiens de mon père sur la place de l'église, il me propose de venir le rejoindre en terrasse, pour prendre le « verre de fin de service ». Il me raconte alors que les gendarmes viennent de lui rendre visite pour le rappeler à l'ordre. Car il est en réalité instituteur titulaire affecté en Seine-Saint-Denis, et se doit de rejoindre au plus vite son poste qu'il a déserté, du jour au lendemain, sans prévenir sa hiérarchie administrative. Un coup de tête. Un caprice. Il rêvait de tenir un resto, il fit ce que son plaisir lui guida de faire. Ce pizzaiolo en chemise ouverte, chaine en or et sandales, me propose alors de venir collaborer avec lui, de veiller sur moi, sur mes quinze ans, sur mon passage à l'âge adulte et sur mon avenir. Comme du serpent du Livre de la jungle, ses sifflements n'hypnotisent, le tourbillon de ses propos me bercent, sa vision futuriste me rassure, et le fil de nos échanges me tente à le suivre dans ses projets révolutionnaires. Mais son enthousiasme parait trop généreux pour être honnête. J'ai des doutes.

Ses projets deviennent rapidement futiles à mes yeux. Et la mélodie de sa voix devient vite emplie de fausses notes pour que je prenne une carte de fidélité à cette table de terrasse.

Au repas de famille suivant, devant mes grands-parents, je répète la même oscillation de discours que le tenancier de pizzeria. Remplis de projets rêveurs, de perspectives à rebondissements de vie, de passerelles entre savoir-faire et savoirs, entre l'acte manuel et intellectuel, entre le rituel et la curiosité, entre l'assurance et le risque à prendre. Je leur lance avec prétention mes idées de pousser un jour la porte de la Sorbonne, et ils me répondent que je devrais plutôt penser à faire mes preuves au collège ou dans une formation professionnelle. Des rêves d'un gosse qui veut vivre et agir, travailler et changer de travail. Difficile à entendre pour deux octogénaires qui passèrent toute leur carrière à gravir vaillamment les échelons d'une même entreprise.

Dans la chapelle culinaire où je passe tant de temps, la clientèle vit un plaisir dominical superficiel, un plaisir semi-monacal et semi-mondain, avec toute la relativité de la bourgeoisie version provinciale qui s'invite aux banquets théâtralisés servis aux « Anciens ». C'est grâce à son historicité que ce restaurant a gagné sa notoriété. Situé dans les faubourgs de la ville, au bord de l'Yonne, la Boule d'Or est ce qu'on appelle « une étape à touristes », qui sert indifféremment du rouge de table « La cuvée du patron » dans un verre ballon, de l'Ambassadeur dans un verre à liqueur sophistiqué, et des limonades dans des verres à moutarde. Au restaurant, on trouve tout autant des cœurs de palmier sans assaisonnement ou une omelette norvégienne mêlée de crème glacée et de blancs d'œufs montés, servie flambée et à l'anglaise par mes soins. L'ère de la diététique, du début de ces années 1980, est ici dans sa pleine contradiction. Ce jour-là, le restaurant est bondé par un banquet local qui honore les derniers Poilus de la Grande Guerre. En cuisine, c'est le coup de feu. L'apprenti s'occupe de produire les entrées. Le patron et le cuisinier envoient les plats principaux. Trois heures durant, la brigade est dans le jus, totalement dépassée. Les vociférations vont bon train. Emporté par un rythme effréné, on ne réussit pas à penser. Les jambes courent sans interruption et sans interroger l'esprit sur le bienfondé d'une telle activité. La tête gère uniquement la mémorisation des commandes. Pour la logistique, chaque chose a sa place, et chaque place a sa chose. Alors que le brouhaha du banquet rebondit contre les voûtes de l'ancienne chapelle, le vieux monsieur, client individuel habitué du dimanche midi, dans un coin de la salle, mange seul son plat de crudités que je dois poser à côté de son assiette, les couverts de service en direction de sa main. Je le rends heureux, juste le temps du repas, juste durant deux heures. Les bons de commande en attente s'accumulent en cuisine. Les mains et les jambes vivent des automatismes. Branle-bas de combat général ! Courir ! Ne rien oublier pour ne pas faire de pas inutiles. Observer les plats et les assiettes à débarrasser pour ne pas faire deux fois le même trajet. Ne pas perdre de temps. Gagner du temps. Le temps est précieux. Il devient l'entreprise de ma vie. Comment faire pour profiter de lui ? Une fois le coup de feu passé, le chef va saluer les clients, non pas ceux du restaurant comme le ferait un grand chef cuisinier qui cherche la reconnaissance, mais ceux qui sont accrochés au comptoir du bar afin de prendre un verre avec eux. Tous ont pris place, soit sur un tabouret, soit debout contre le zinc. L'ambiance joviale et de franche camaraderie justifie le choix du chef d'éviter les clients de la salle du restaurant. Un consommateur du bar me raconte sa vie, une vie d'ivrogne. Il agite devant mon nez la photo de sa femme. Il est seul. Elle l'a quitté. Ça peut se comprendre… Je ne réponds rien. Je connais trop bien ses enfants.

La destinée d'un individu, comme du monde, est toujours un mal *in fine*. La radio goldmanienne en fond de bar : « Ici, tout est joué d'avance, et l'on n'y peut rien changer, tout dépend de ta naissance, et moi je ne suis pas bien né ». Ma part de gâteau : un héritage ineffaçable, un destin inéluctable qui pèse déjà sur mes épaules. Courir ! Courir jusque « Là-bas », « là où les continents sont sans rivages » ! Courir entre les tables. Courir entre salle et cuisine. Courir par principe de vie, avec toujours l'incertitude du lendemain. Le destin est toujours plus singulier et plus motivant que la finalité du chemin en elle-même. C'est à cet imaginaire que j'attache le plus d'intérêts et que je passe le plus de temps. Un client me fait un geste. J'ai perçu son besoin.

— Je cours chercher du pain !

LA PREMIERE ESPERANCE

Six années sont passées. Sac kaki sur l'épaule, façon baluchon de marin, porté comme Jean-Jacques Goldman dans son clip « Je marche seul », mon lecteur CD portatif accroché à ma ceinture, je quitte la chambre de bonne qui me sert de lieu de vie. Ce n'est en réalité qu'un local-poubelles divisé en deux dans sa profondeur dont je loue la partie secondaire, derrière les containers. A l'intérieur, un lit, un évier, une chaise, une table, les posters de Florent Pagny et de Rocky punaisés à côté des photos d'amis comme de bons moments, et d'images paradisiaques ou de rêves à accomplir. Parmi celles-ci, le cliché d'un ciel, d'une ile déserte, et d'une femme « couverture de magazine » au regard perçant, au short en jeans, aux cheveux courant dans le creux du bas de son dos et à la poitrine opulente. Des photos accrochées au mur, iconiques, représentatives d'une recherche de plaisir. Sur une photo déchirée, un hommage ou rappel à la famille, comme un pays d'origine imaginaire, de liens familiaux toujours mal connus. Des gens immortalisés aux gestes troublants d'absence de chaleur humaine. Mes pleurs non irrigués en réserve oculaire. Des sentiments muets. Un effet d'optique d'un rayon de lumière, pour faire sortir de la pénombre, les visages de grands-parents quasi oubliés, des parents symboles de ce qu'on regrette et de ce qui reste. La photo, façon Renaud « des dimanches à la con, de quand j'avais disons dix ans », où les repas d'anniversaire sont de tristes galères pour tous, où personne n'a rien à dire à personne. Et pourtant on partage ces moments, muets.

Au restaurant, dans lequel je fais mon apprentissage, le service est dératé. Mes jambes dépassent mon esprit. Je tente de mémoriser toutes les commandes. J'en attrape mal à la tête. Les clients, pour payer leur repas, me tendent leur première carte à puce qui mémorise plus que moi. Je ne compte pas mes heures qui rognent les deux tiers d'une journée. L'ambiance est électrique. « Il faut conserver les trois étoiles ». Tout est dit. « Tout doit être parfait ». Les remarques du chef à la recherche de la perfection perdue sont tout au plus subjectives. Il faut suivre ses conseils. Les conseils sont flous, changeants. Les relations entre brigades de salle et de cuisine sont stressées, stressantes. Quand le chef monte dans les gammes, les assiettes volent à travers la cuisine, les insultes fusent. Les coups de pied au cul et les coups de gueules au visage, les mains brûlées par le plat bouillant posé par le cuisinier par plus ou moins inadvertance, sont lot quotidien. Le passe qui nous sépare est un garde-fou, une frontière. Tension encore cuisine et salle. Impassibilité ! Je deviens addict à l'adrénaline qu'offre cette ambiance énergique et accro au Guronzan qui me permet de tenir debout. Les doses d'antiasthénique deviennent exagérées, nécessaires. Connaissance imparfaite de mon esprit comme de mon corps. Besoin de percevoir une lumière, de ressentir une chaleur, de maitriser la douleur, pour prendre conscience. Lecture de l'intime nécessaire. De quoi mon esprit est-il capable ? Que peut-il supporter ?

Mystification brillante d'un chef triplement étoilé. Expérience recherchée par la clientèle : entre découverte d'une incorporation et d'une moralisation. Idées adventices. Chaque discours du chef est perçu comme une vérité établie, techniquement, historiquement, scientifiquement. Seul l'observateur extérieur, le maitre d'hôtel, médiateur et traducteur pour les clients, remet en cause le contenu du discours. Cuisine fondée sur une gastronomie totémique, sur un savoir-faire puritain, et un mode de pensée centré sur la notion de passion. Je m'étonne de la force morale que chacun des personnels semble posséder. Je me trompe évidemment. Les anciens se shootent à l'alcool, pour oublier ce qu'ils endurent. D'autres se piquent en intraveineuse de substances énergisantes. Et il y a ceux qui se régénèrent chez eux, entre les deux services, avec des adjuvants illicites. Les clients ne lisent qu'une version de mon portrait, de mon individualité, puis évaluent ma prestation dans une collégialité, avec des listes d'adjectifs. Des mots qui parlent de confort, de chaleur, d'accueil, de bienveillance, de goût. Suis-je réellement ces mots ? Il me faut plus d'indicateurs pour comprendre le mécanisme de ma construction identitaire, pour comprendre ma place dans cette société, pour percevoir un avenir. Je reçois mes premiers relevés de point retraite. Le courrier indique : « Vous aurez le droit de partir en retraite à 56 ans, en 2028 ». Au centre de formation des apprentis, dans le dortoir de l'internat comme dans la salle de classe où l'on me théorise le vin, je m'émancipe. C'est l'âge qui veut ça. Une forme de poursuite du bonheur personnel accompagnée de grands idéaux. Des désirs de liberté, d'égalité, de fraternité. Une recherche d'un monde meilleur, le temps d'un congés de deux jours.

Je déambule sur le bord de la route départementale. Tout autour, une nature riche de couleurs et pauvre d'habitants. Dépouillée, frissonnante, extrême par l'hiver, dénué de promeneurs. Le paysage qui m'entoure semble gris à mes yeux. L'espace semble vidé des images d'Épinal enfantine. Je grandis.

Mon pouce bien dressé, j'attends qu'un automobiliste m'embarque. Une femme, vêtue d'une longue tunique lie de vin, toute droite sortie d'une communauté hippie, expatriée au fin fond du Morvan dans les hauteurs de Vézelay, au volant d'une GS Citroën marron, s'arrête.

— Tu vas où ?

« Où ? », je n'en sais trop rien. J'ai envie de lui dire « Ailleurs ! » ...dans un ailleurs que je ne connais pas. Loin de ce restaurant de luxe où je ne suis pas certain d'avoir ma place. Restaurant qui pourtant me donne l'occasion de me forger une identité professionnelle et personnelle et de ne plus être le fils de.... Un ailleurs, plein d'espoir et d'espérance, comme celui que cette automobiliste est venue chercher en son temps quand elle quitta certainement une grande ville pour venir se nicher sur cette colline éternelle afin de tisser la laine angora teintée que j'aperçois à l'arrière de son véhicule. Un ailleurs qui n'existe que dans mon imaginaire mais que je n'ai pas encore décrypté.

— « Clamecy ! », lui dis-je finalement désabusé.

Je me dois, ce jour-là, de retourner dans ma bourgade d'enfance, afin de passer mon permis de conduire, sésame de l'autonomie et de la liberté. En entendant la lourde portière se refermer sur moi, et m'imaginant retourner sur les lieux du poids familial, je songe à rebrousser chemin, à cogner sur la portière pour qu'elle s'ouvre, à sauter de la voiture en route. Instinctivement si l'on peut dire. Mais je ne fais qu'y songer. Une grâce furtive me laisse dans l'espoir d'un renouveau du cadre familial, pourtant si sombre dans mon proche souvenir. Du portail du restaurant L'Espérance, où j'officie, aux octrois de Clamecy, trente minutes séparent ces deux portes. Trente minutes psychologiques, créant une sorte de no-man's-land, un « espace de (sur)vivre » à maitriser. J'ai comme un poids sur la poitrine qui se transforme en mal de tête. S'allègera-t-il au fil des kilomètres ? A hauteur du pont de Bethléem, à l'entrée de Clamecy, un point dépasse dans le ciel, celui du drapeau flottant au fait de la tour de la collégiale Saint Martin, qui sonne midi. Rien ne me presse. Personne ne m'attend, sinon mes parents. Mais m'attendent-ils vraiment ? M'ont-ils attendu un jour ? Je ne suis pas le fils prodigue, ni l'enfant prodige, dont ils avaient certainement rêvé qu'ils attendaient. Je ne rentre qu'avec un sac de linge sale. Le trajet fut taciturne et la conductrice ne m'a guère paru correspondre à mes goûts discursifs de jeune adulte. La voiture, dansant sur ses vérins hydrauliques, traverse le pont qui enjambe l'Yonne, et écrase au passage les milliers d'éphémères que le petit matin avait déposés sur le sol. Cette entomofaune à l'existence extra-courte crée comme un coussin doux et agréable, bien qu'il s'agisse en réalité d'un génocide sur lequel un véhicule d'une tonne roule paisiblement. Une fois entrée dans la vieille ville, la voiture arrive sur la place du salon de coiffure. Un corbillard et une cinquantaine de personnes stationnent devant le perron de l'église. Les croque-morts écrasent de leur pas le riz d'un précédent mariage. Cette image, traditionnelle, sensible et pleine de nostalgie, tellement je l'avais déjà vue par les années passées depuis la vitrine du salon de coiffure, n'est pas dénuée de charme. J'adresse un remerciement, à l'aide d'un regard absent, à la soixante-huitarde. Je dois contourner la foule pour atteindre le salon de coiffure. Tous les yeux se tournent sur moi et mon sac de linge sale. Je devrais courir pour éviter cette situation gênante mais rien ne me presse, et à la fois j'ai hâte de m'éloigner. Mes années d'enfant de chœur, derrière moi, me donnent le gage de savoir me confondre à ce court instant inopportun.

Je dis bonjour à mes parents avec le même regard absent. L'ironie du foyer familial est aussi convaincante que peut l'être une hypothèse paradoxale. Le paradoxe de l'attachement d'un ado à ses parents. L'ironie est la réponse à trouver à l'absence de thèse viable. On ne fait finalement à cet âge qu'inverser la machine, et on transforme des valeurs originelles en conditions humaines substituées au destin. La prise de liberté, la liberté, à 18 ans, est un leurre éternel. « Être adulte » n'est ni un ordre, ni une équivalence, ni une valeur, ni un choix. Parce que majeur, le pouvoir de décider ce qu'on fait, ce qu'on pense, ce qu'on lit, ce qu'on dit, ce qu'on boit, ce que l'on mange, ce qui nous nourrit, n'est même pas subversif. Il est réversible et indissociable du fait de devoir acquérir un savoir pour grandir. Lors de mon jour de congé hebdomadaire, le mardi, avec l'aide de la fille du cinéma local, je vois défiler devant mes yeux Enzo et Jacques perdus dans un Grand Bleu, la Vie des Groseille sur un long fleuve tranquille, un Ours orphelin et solitaire, l'Itinéraire d'un enfant gâté, et une Etudiante qui ne va plus en Boum. Des espaces-temps à réinterpréter pour s'enquérir soi-même d'un projet de vie.

Au restaurant de Vézelay, la gastronomie est l'essence même du quotidien. Le patron est un de ces dogmatiques chefs cuisiniers qui possèdent encore l'esprit de l'artisan, et pour qui bien cuisiner importe plus que de cuisiner. Une gastronomie vue par le prisme patrimonial des recettes historiques de la cuisine bourgeoise dix-neuvièmiste. Une gastronomie qui offre au discours argumentaire toute sa place, et détourne le quotidien de sa vérité. Le maitre d'hôtel est comme un comédien sur scène. Tribun, il fait dire à la recette ce que le chef ne voulait pas dire. Il fait transparaitre la détermination d'un cuisinier. Apparence stylisé, émergence des sensations, de la sensorialité, de l'esthétisme voire de l'esthésie. Un client s'assoie à une de mes tables. Jean-Paul Kauffmann à la recherche d'une saveur perdue. Ex-otage libéré depuis quelques semaines après trois ans de captivité, il déguste un verre de sa madeleine. Il me laisse son ouvrage « Le Bordeaux retrouvé ».

Tout prend du sens. L'homme cuisinier interprète les produits. L'homme serveur interprète les recettes. Le client se cherche. La restauration de luxe avec sa subjectivité du goût et sa superficialité deviennent une ordonnance sociale, le ticket de la réussite du serveur comme du client. Lieu d'enjeux et de jeux, de passion et d'émergence. Autoritarisme du chef, vu comme l'autorité des faibles. Pour cette brigade de restauration militarisée, aux ordres dirigés avec violence, les quartiers libres sont l'apanage de l'extériorisation. La franche camaraderie passe ses nuits vézeliennes dans des caveaux à « danser le jerk sur de la musique folle ». Assoiffé de désinhibition, mon sang assimile aisément l'alcool nocturne. Trop aisément. Impression de lévitation, que ma tête se détache peu à peu de mon corps. N'ai plus la maitrise des commandes. Jeune adulte tout juste sorti de l'adolescence. Un volant toxique entre les mains. Une voiture létale au sortir des discothèques et des virages. Accidents inévitables. Seule la tôle et mon âme sont froissées. Mon corps passe entre les bris de verre et se contorsionne dans les tonneaux, pour éviter le pire. Un maigre filet de sang coule sur mon front. Ce sang mêlé à l'alcool. Mes yeux s'en imprègnent. La lumière de la lune traverse le plasma pour réaliser un nuancier, avec toutes les variantes robes du vin appréciables à l'œil, dans une telle situation. Mesure spectrale du moment, de cette transmittance. Vision d'un rapport entre l'intensité lumineuse de l'incident et l'intensité lumineuse lunaire de l'expérience. Je prends conscience que cette chromaticité révèle plus qu'une simple colorimétrie, il s'agit d'une longueur d'onde vitale. Ma vie mérite d'être encore vécue. Le problème majeur de la quantification des expériences vécues est qu'il n'existe pas d'assurance que l'on obtiendra, à l'apogée de notre vie, une réponse optimale à toutes nos questions. L'écart entre « voir la vie en rose » et « avoir une tache de vin devant les yeux » n'est pas toujours représentatif de la sensation visuelle. Il m'est difficile de déterminer un critère à minimiser. Tout est important dans la réussite de ma vie. Je dois aller vite pour profiter de tout, à tout instant. La désinhibition offerte par la surconsommation d'alcool donne un surplus d'énergie. Un « coup de fouet » pour faire avancer l'âne bâté. A ce stade, mon corps est violé par l'alcool. Je dois apprendre à connaitre mes propres limites et ne pas les outrepasser. Le plaisir de boire n'est pas le même pour ceux qui m'entourent. Différemment pour chacun et chacune des collègues avec qui je traverse ses nuits enfumées, dans un piano-bar nommé « Les chandelles » où les doses deviennent certaines quand l'éclairage s'assombrit. Le cuisinier consomme toute sa paye au premier jour du mois dans des soirées arrosées ou en se glissant au casino. Le plongeur sirote son

« blanc-cass' » au comptoir du café voisin. Le bagagiste turc ne boit pas. Et le serveur stakhanoviste déguste et rêve de devenir sommelier.

Parce que la table est une encyclopédie avec ses tournedos de homard, ses cromesquis, ambroisies de foie gras et truffe, huitres en gelée d'eau de mer, ou canard au sang, le service du vin est la courroie de transmission de l'essence du savoir gastronomique. Le sommelier est un sachant. Sa place dans la brigade est celle du dignitaire, de l'intellectuel, du détenteur d'une chaire universitaire : la connaissance des vins. Son insigne, une grappe dorée accrochée à son veston, comme un galon, un ordre, un mérite scientifique et honorifique. Ce titre est pour beaucoup de serveurs un objectif de carrière, alors que Louis de Funès et Paul Préboist nous laissent une image iconoclaste de cet homme de cave et théoriquement homme de maitrises. Nous, sommeliers, prenons l'habitude de confondre notre représentation d'une olfaction, issue des constructions de notre mémoire, avec le vin tel qu'il se donne à nous. Nous phasons ainsi, par le biais de la vue, de l'odorat et du goût, le réel qui nous donne accès à cette représentation. Le monde du vin, un monde qui préexiste à toute analyse. Et autour de cet aréopage de professionnels, les clients. Tous buveurs, ou plutôt dégustateurs, ils se pensent talentueux dans la lecture de la carte des vins. Ils boivent par snobisme ou apprécient le vin par mode et le vantent par gloriole. Je n'arrive pas à me ranger dans une de ces trois catégories. J'aime le vin pour lui-même, pour moi-même et pour les moments qu'il m'offre avec mes amis. Me laisser embarquer, les sens en éveil, par la colorimétrie et les caresses de la robe, par l'olfaction et l'éclectisme du bouquet, par les notes et la musique des saveurs, par tous les sens, sans sens interdit. Mon âme est pénétrée. Le vin et la sommellerie se définissent comme identitaires. Avec le vin, déguster n'est ni boire, ni un plaisir terre à terre. Une règle m'oblige : ne pas me remplir de vin pour que mon esprit ne se vide pas. L'œnophilie me permet de saisir la richesse du palpable, du goûtable, du visible. Le concret d'une bouteille. Mes chefs sommeliers me font découvrir le boursicotage du vin. Des caisses de châteaux Margaux, Latour, Haut-Brion, Lafite-Rothschild, achetées en primeur. Toutes mes payes d'apprenti y sont destinées. Investissement pour l'avenir. Quel avenir ? Bouteilles emmurées avec amour, comme un harem, comme un trésor. Faire murir mais pas mourir. Je respecte maintenant plus l'objet que le produit, la bouteille plus que le vin. Les vieilles bouteilles au vin détrôné de ses attraits doivent être respectées. Celles-ci devront traverser les époques comme des vieillards à l'esprit et au sang usés par l'âge. Le vin provoque le dialogue. Telle bouteille me fait rencontrer un nouvel ami. Telles autres bouteilles me font découvrir de nouveaux terroirs dans d'un voyage immobile. Elles emportent toutes mes souvenirs avec elles, dans leur périple de vieillissement.

DES JOURS ET DES LUNES

A l'entrée d'un salon du bar de l'hôtel, je marque un temps d'hésitation dans mes déambulations de serveur. Je pense à elle ; l'énième « elle », mais toujours pas « l'élue ». Quand je me pense dans une telle situation, quand je pense à mon individualité dans ce théâtre social, je considère qu'il s'agit de la vérité, celle que je vis à l'instant T. Ce solipsisme ne serait-il qu'une étape de pensée ou une démarche de vie à part entière ? Je sors mon petit carnet de ma poche, je note deux ou trois versifications et réflexions qui traversent mon esprit ou que j'entends de la bouche des clients : « L'homme est la mesure de toute chose. L'homme est le seul à pouvoir définir son relativisme. A chacun sa vérité, à chacun son point de vue, à chacun son sophisme ».

Tout me presse, mais rien ne me presse. Tandis qu'habituellement les services ne sont que rapidité et réactivité, course et rattrapage du temps, nervosité et adrénaline, hyperactivité et polyvalence, gestion de la mémoire et des jambes, pour une fois, tout autour, tout est serein. A l'exception des lumières du bar qui se reflètent en scintillant sur les bouteilles de whisky exposées sur les étagères de verre aux contours de laiton, seuls quelques abat-jours couleur chardonnay posés au milieu des tables basses de bois et de verre, à la clarté affaiblie, tiennent les clients en éveil. Les abat-jours ronds, au milieu des tables carrées et épaisses, me posent soucis. Leur harmonie est bancale. Leur emplacement ne me convient pas. Ce mariage logique des formes est paradoxale, mais donne une forme de vie à ce mobilier. Tous les corps des clients sont affalés dans les fauteuils club, en cuir gris. Seul le barman tente de tenir debout. Il tangue de fatigue. Le coude attiré par le bord de son comptoir, comme pour l'appuyer de tout son poids. Mais la règle de bonne tenue ne lui permet pas cette faiblesse. Il se retient. J'envisage pour ma part un des tabourets hauts, réservés à la clientèle, et me ravise. Raide et aussi figé qu'un personnage du musée Grévin, le barman observe mon hésitation, prêt à me rappeler à l'ordre. Dans cette comédie humaine, les serveurs se dissimulent dans la pénombre, afin d'éviter les requêtes tardives des clients qui trainent aux tables. Des hommes de l'ombre en somnolence éveillée, devenus léthargiques aux positions ergonomiques précaires. Est-ce cela le résultat de ma réussite professionnelle, compte-tenu du niveau haut de gamme de l'établissement hôtelier qui vient de m'embaucher ?

Cet aboutissement est-il finalement un déclin, une déconvenue, un échec, un fiasco, le début de la fin de ma motivation, la fin de ma carrière, un désastre, une fin du monde, de mon monde ? Est-ce l'aube ou le crépuscule de ma vie ? Suis-je au paradis ou en enfer ? Est-ce la naissance d'une nouvelle vie ou l'apocalypse ? La pénombre obscurcie mon point de vue. Ma vision du monde devient une poésie ésotérique.

Inaction totale dans la pièce. À l'image de la France et de ses dix pourcents de chômeurs qui émergent, tout le monde dans ce salon dort éveillé. Je ne vois plus aucune personne debout, sauf le barman ! Un client entre en titubant. Il vacille sur ses jambes frêles et me fait penser à Nikita, dans un monde perdu et violent à la fois. En ultime retranchement de son état, il se dirige vers le tabouret et emprunte l'une des allées centrales en slalomant. Le chemin est encombré. C'est Beyrouth ! Bagages à main et sacs en papier de marques luxueuses encombrent le passage. Obstacles évités ! Derby réussi ! J'ai mal à la tête.

Tous les collègues ne parlent que de ça depuis ce matin. Il envisage de passer trois mois parmi nous, en résidence. Sous l'éclairage du bar, son visage m'apparaît. Mais peut-être n'est-ce qu'une affaire de sosie. Il porte une chemise en jeans ouverte et des Berluti blanches sans chaussette. C'est un homme sans âge. Il est vieux, au bout de sa vie, mais les médias le rendent immortel. Nous lui donnons le patronyme de Monsieur Serge. Assis en porte-à-faux sur son tabouret, mains posées sur le zinc.

— Monsieur, qu'est-ce qui vous ferait plaisir ? demande le barman d'une voix entraînante.

— Un Daïquiri, garçon.

On ne comprend pas beaucoup les mots pâteux qui sortent de sa bouche. Il se tourne en même temps en pivotant d'un demi-tour sur son siège. Le salon baigne dans une semi-pénombre. La plupart des passagers, de ce semblant de paquebot ivre, somnolent ou tout du moins sont dans une situation d'éveil en demi-teinte. La fumée des Gitanes de Monsieur Serge se mêle à celle des cigares écrasés dans les cendriers en cristal des tables basses. Ces dégagements irritent encore plus la barre sur mon front.

Aucun bruit. Air conditionné. Ambiance et température tièdes. Contrairement aux heures de service au restaurant, là rien n'est express. Rien d'excessif, ni mouvement, ni esthétique, ni clameur, sinon l'odeur. Rien qui puisse réveiller les clients. Mon imaginaire se sent acteur du premier soir du monde ; un imaginaire qui brave le sommeil, et qui recommence chaque soir, implacablement à tenter de comprendre le monde qui l'entoure.

C'est à ce moment précis qu'un enfant se lève, puis commence à s'approcher de moi en se frottant aux banquettes et tables. Somnambule, peut-être. En tout cas, une sacrée chance s'il sort indemne de ce gymkhana !

« Un autre Daïquiri ! ». Bruit de verrerie sur le zinc. Les glaçons s'entrechoquent contre l'inox du shaker. Le liquide coule. Monsieur Serge hume l'instant dans son verre à cocktail. Le nez du poète à la trogne disgracieuse, baigne. Cyrano du Zinc-bourg.

Malgré des détours et contours, l'enfant finit par s'approcher de moi. Je lui fais un petit signe de la main, mais il ne réagit pas ou tout simplement ne me voit pas. Je suis invisible. Rien de plus normal, compte-tenu de mon simple statut de serveur. Sept ans peut-être, cheveux noirs bouclés, de petits yeux.

— Bonjour, tu cherches quelque chose ?

Pas de réponse. Il me regarde, puis regarde autour de lui tous ces gens léthargiques. J'ai envie de dire au gosse que ce n'est pas ça la vraie vie ; qu'elle est plus vivante en réalité. Dolto vient de nous quitter. Elle ne nous laisse que des livres et Carlos pour comprendre sa méthode. Je répète une deuxième fois « bonjour ! » en vain, puis une troisième fois.

— Alors, tu veux pas dire bonjour ? Bonne nuit, peut-être ?

II tourne les yeux. Son père lui dit de ne pas s'éloigner. Il doit certainement avoir pour consigne de ne pas parler à deux types d'individus : les étrangers et les serveurs. Et finalement :

— Bonjour, monsieur.

— Tu veux boire quelque chose ?

Avec de légers trémolos dans la voix, il répond qu'il aimerait bien un cocktail de jus de fruits. Je le hisse sur le tabouret.

Monsieur Serge soudain pose son verre bruyamment. Premier signe de vie, qui correspond à un fil de commandes continues du même Daïquiri. Il n'est donc pas encore rassasié. Je lui jette un regard en coin. Verre à cocktail à nouveau rempli. Zippo ouvert d'un claquement de doigt. Monsieur Serge me parle, je ne comprends pas ce qu'il mormone, sinon son ton acerbe, sur un visage peu souriant. L'homme met une pause, me regarde intensément, attend une réponse, une réaction.

Sans que je n'aie à lui transmettre la commande, le barman dépose le Chantaco devant l'enfant. Sourire. « Merci Monsieur », d'une voix déjà plus assurée. Ces mots suffisent pour qu'une forme d'humanité se réveille. Au moment de porter le verre à ses lèvres, il regarde de nouveau ses parents par-dessus son épaule. Là commence l'émancipation de sa jeune vie, le début de la liberté de choisir. Je comprends l'importance de cet acte pour cet enfant. Moi aussi, dans chaque choix alimentaire que je fais, c'est un peu de moi que je recherche. Quête stérile, graal impalpable. T'inquiète pas, petit, ils sont toujours là tes parents.

Près d'une heure du matin. Des envies d'être en boite de nuit, de la musique plein la tête. Je devrais déjà y être, si ces clients ne tardaient pas à partir. J'irai juste après. La fille de la dernière fois y sera-t-elle également ? Y est-elle déjà ? Je ne sais toujours pas quelles humanités hantent réellement mes nuits dans ces tripots remplis d'effluves de transpirations, de monoï, et de parfum à la framboise. Reste toujours la vision d'une fille debout à m'attendre qui s'impose à mon esprit avec de plus en plus d'insistance. Je la vois, ombre émergeant dans l'ombre, s'avançant à pas feutrés, puis soudain s'arrêtant, taches de rousseur sur son visage, sa voix loin des sonorités agressives des collègues de cuisine... C'est absurde !

Je me répète que je n'y serai pas à temps. Rien ne bouge dans le salon.

Mon regard s'arrête sur la main droite de Monsieur Serge, une main de pianiste, fine, manucurée, posée à plat sur le comptoir à côté du paquet de Gitanes. Exil monastique ou séjour de fin de vie pour lui ? Que m'importe s'il s'agit d'un palier ou d'un état palliatif ! Lui, considéré comme un colosse de l'écriture musicale, n'est finalement qu'un géant de papier, qui a caché sa tendresse dans une bouteille. Seule sa main m'intéresse. Il parle en lui faisant faire un balayage, poignet cassé. Il descend de son tabouret. De toute façon trop ivre, malgré ce qu'en disent les médias. Je me tiens près de lui, maintenant. Je ne peux pas faire autrement que de lui proposer mon épaule pour traverser le salon et l'accompagner jusqu'à sa chambre. Oui, c'est bien son Zippo qu'emprisonnent ses doigts cintrés. Un sourire me vient. Mon destin n'est-il fait que pour aider des alcooliques ? Son paquet de cigarettes tombe. Il cherche à le ramasser. Son niveau d'alcoolisation et le faisceau de lumière unique, provenant de la petite lampe posée sur une table, l'empêchent de retrouver son objet. Sa tentative de trouver le briquet ressemble à la démarche des grands chefs cuisiniers médiatisés, détenteurs d'une dite science culinaire, avec leurs facéties de Recherche et développement : son axe de scrutation se limite à chercher là où il voit donc là où il peut trouver. A côté de la lumière, le monde existe pourtant. C'est bien là le drame des vedettes et du feu des projecteurs. Je lui ramasse l'objet.

« Tiens ! Fais-en bon usage ! », dit-il en me tendant un billet de 500 francs qu'il venait de dédicacer sur mon épaule. Il en profite pour me faire une dédicace à même ma chemise, au milieu de mon dos. Un tatouage comme un autre. Je suis son serveur attitré durant deux mois non-stop. Serveur personnel et baby-sitter de son jeune fils Lulu de passage les week-ends. Les jours se succèdent et les anecdotes aussi. Fiestas improvisées. Arrivée tendue de Jane et attendue de Charlotte. Passage rapide de son filleul Thomas D. avec un pote. Des jeunes qui ont mon âge, mais pas mon statut social. Lui et son copain, Mathieu, grand et frisé, portent de Converse All Star que je ne peux pas m'offrir, réservées à cette élite. Jalousie introvertie. Des repas en tête à tête avec Monsieur Serge et une bouteille d'eau de vie pour nous accompagner. Absence de carafe d'eau. Des après-midis à le faire parler de sa carrière, dans les fauteuils club du salon. Cependant, si ces mots résonneront encore demain dans la tête, ils risquent demain de ne plus rien exprimer, si ce n'est qu'un vague souvenir. Des feuilles griffonnées, éparpillées devant lui, tous les jours. Des essais de bafouilles : « J'ai décidé de me DCD d'une OD de CD, Lady, Lady D ». Il se lève et dit brusquement « Je me casse ». Dans son fauteuil, ses paroles sont comme ses bafouilles, insondables. Comment interpréter ses mots ? Imagine-t-il séduire son interlocuteur ou n'écrit-il que pour son propre plaisir ? Les ravages de l'alcool sont sur l'être humain inéluctables, en termes d'apparences comme de socialité. Comme le soma antique, lait rituel hindouiste coupé d'eau, boisson intoxicante et hallucinogène à usage religieux qui permet d'aller de l'ombre à la lumière radieuse, l'alcool promet l'immortalité. Risque d'erreur profonde à toujours observer ; ne pas négliger le côté obscur de cette désinhibante force. Partir en quête d'une interprétation privilégiée de la vie et de ses plaisirs. Boire, manger de façon aléatoire et insensée, par rituel ou par préoccupation culinaire et minutieuse. Engloutissant du sens originel, de l'incorporation, de l'absorption. Tenir un discours sur ces symboles et leurs significations, leurs nuances, leurs inflexions. Donner du sens. Inexorablement, les clients me livrent des propos en corrélation avec leur apparence, leur appartenance sociale. Etudes sociologiques de comptoir. Suis-je le miroir de l'établissement dans lequel je travaille, de la gastronomie que je sers, ou des clients que je côtoie ? Interprétation psychanalytique sans prérequis. Suis-je complice de cette offre commerciale servie dans des assiettes de porcelaine et des verres en cristal ? Ravissement pour certains, exagération déplacée pour d'autres. Je ne leur dis pas ce que je pense d'eux. Obligation de réserve. En découle une régression de mon oralité. Vision linéaire. Asymétrie entre leur propos rayonnants de gourmands, en versus de mon maigre repas quotidien et de mon droit de me taire. Heureusement que j'ai appris à me taire. Les RG viennent fouiller mon appartement : je dois servir François Mitterrand et Helmut Kolh.

BESANCON, MESS ET CERCLE

Dans le train qui m'emmène à la caserne, une fille seule semble cultiver son chagrin. Un bouquet de fleurs la console. Un mania de la négociation, avec un innovant téléphone portable qui ressemble à une boite à chaussures greffée à son oreille, ne cesse de crier « achetez » « vendons » afin d'amortir le prix de son appareil affublé d'une immense antenne. Une sténo ou peut-être dactylo, dans tous les cas une secrétaire, ne cesse d'user l'encre de son stylo. Son patron lui a laissé tant à faire. Un jeune couple d'amoureux transit dort. Le temps semble s'être arrêté pour eux. Leurs visages sont illuminés par la lumière de la fenêtre. Ils ont choisi les nuages comme lit. Qu'ils profitent de rêver ! Une dame aussi âgée que le temps vérifie vingt fois son titre de transport. Elle en a eu pour son argent. On ne la fera pas descendre à tort. Un ivrogne accoudé à la fenêtre guette soupçonneux le contrôleur, boit sa bière, fume sa cigarette, crache et divulgue son esprit vineux. Trois gazelles d'à peu près dix-sept ans, pleines de verve inépuisable et de commérages, échangent lettres et photos de leurs petits-amis. Qu'elles en profitent, c'est bien de leur âge. Un anar qu'a pas fini soixante-huit, paille dans les cheveux et pipe au bec, enfume le train jusqu'au cockpit, emmerde le monde et tire la tronche. Son pote, à côté, ronfle comme un sonneur. Un livre sur son front glisse sur son ventre. Il semble avoir trouvé la page et l'heure pour que sa musique buccale s'évente.

Appelé au service national. « Marche ou crève » me lancent les militaires de carrière. Ils s'abreuvent au cercle des « sous-off » que je gère. Ils se repaissent au mess du Colonel où j'officie également. Et vomissent aussi vite qu'ils incorporent. En titre du journal qui traine sur mon comptoir, les Restos du cœur viennent d'être reconnus d'utilité publique par le Conseil d'État. Et moi, je suis là simple loufiat national au service de la République. « Marche et rêve » me dis-je. Pour être vivant, pour justifier d'être sur cette terre, j'ai décidé de rêver. N'ayant jamais rien construit, je ne peux pas être déçu. Je ne veux pas marcher au rythme des généraux ou des messies comme un mouton normatif. Je préfère être un mouton perdu qui gambade, erre, sans cadre idéologique, sinon mon épicurisme. Il parait que « j'ai choisi ce trajet de vie ». Malheur à celui qui pense qu'une âme choisit ses parents via un faisceau de connexions et de liens qui se tissent. Haro sur le Reiki ! Ma « mission de vie » ne me plait qu'à moitié. Alors j'invente un autre chemin, un paradis autre que l'au-delà. Juste dans ma tête. Chaque soir dans mon lit, j'hallucine positif de me voir encore vivant. Je suis si dépressif, tous mes sens émotifs devraient prendre les devants. J'en ai mal à la tête. Alors je cache sous mon comptoir un livre titrant « Créer sa Sarl ». Entre deux chapitres, je goûte l'air et observe les vies qui m'entourent. Je trouve chaque jour rafraîchi, plus agréable que la veille. Il y a là dans la lecture caricaturale de la vie des autres, mieux qu'une odeur, une atmosphère de comédie balzacienne, une sorte de petite chaleur humaine qui manque tellement à mon cadre de vie quotidienne. Peut-être est-ce dû à mon imagination, qui m'apporte autant de relecture du monde que toutes mes pensées cruciales ont valeur de décret pour mon for intérieur ?

Derrière les murs de cette caserne, aussi hauts que grands, emmuré vivant, mon âge est à peine mûr. De béton, armé, cet espace social, sans beauté, sans âme, tond les braves gars bons pour le service. Une année de sévices. Ici, sans philosophie, mais avec une certaine moralité, la semeuse se meurt. On ne produit pas, on ne construit rien. On ne fait qu'attendre une éventuelle guerre. On perd notre temps et notre jeunesse. Et les sous-officiers trinquent chaque jour à la paix, que leur offre leur solde qui finit dans un verre ; alors que Sarajevo débute sa guerre.

Par la fenêtre, je vois la cour et ses couleurs monter chaque matin. Ce matin, le drapeau ne se déploie pas et reste tassé, entortillé, collé contre le mat. Comme les plumes collées sur l'oiseau dans ce matin pluvieux, comme le moineau écrasé sur la calandre de ma voiture, comme ma voiture écrasée contre un arbre le week-end dernier, comme mon nez collé à la fenêtre, je ne décolle pas de la vitre et regarde ces vies enfermées, ces tragédies. Un mégot, à côté de moi, est écrasé avec élégance sur la porcelaine d'un cendrier, et laisse quelques traces noirâtres d'un mal mal consommé. L'odeur du tabac froid me donne la gerbe. Je n'ai le droit que de m'écraser, et de me coller dans mon siège, scotché à la télévision face aux actualités, à attendre que les semaines passent. Je me répète l'adage d'Horace : « Carpe diem et profite sans te fier à demain ». Mais l'envie d'être plus loin, plus tard, plus vieux, me hante. Comme tout individu, je dois trouver ma voie. Celle qui me convient, qui convient à mon caractère, ma sensibilité, mes aspirations et mon idéal. Dois-je suivre la voie d'un gourou comme le font mes collègues disciples d'un maitre cuisinier ? Dois-je m'arroger d'une place centrale dans ma vie ? Un nombrilisme qui effacerait la nature tout autour ? Besoin d'une voie vers une paix intérieure, une sérénité, un repos de l'esprit. Existe-t-il une causalité dans toutes mes actions ? Une jeune fille lors d'une soirée arrosée prend ma main et me dit la bonne aventure. Ma ligne de vie est comme un arbre, pleine de ramifications. « Tu feras mille choses, et toutes convergeront un jour pour faire de toi un être légitime dans tes activités » me dit-elle. Comment puis-je atteindre cette sagesse, cette ultime phase ? Comment pourrai-je attendre ? L'attitude appropriée : vivre le présent ! Principe stoïcien pour éviter toute fuite dans le passé, pour relativiser sur un futur en forme de point d'interrogation, pour évacuer les craintes. Cacher mes peurs, mes angoisses, mes colères, mes chagrins, mes désirs. Me concentrer sur l'instantané. Tenter de supporter le quotidien, ou de le transformer.

DES TEMPLIERS SUR LA NR7

Permis en poche, nouvelle voiture entre les mains, une carrière sans frontière se dessine devant moi. Je suis libre de mon avenir et responsable de mes choix. Le guide des Relais et Châteaux comme ligne de conduite et le guide Michelin comme livre rouge de ma politique de vie. En sus des atouts de mon expérience en restaurants trois étoiles inscrits à mon curriculum, je choisi « à la carte » mes prochaines destinations. Je sélectionne les hôtels les plus côtés, situés dans des lieux agréables. Les possibilités sont innombrables. Une liberté à l'excès. J'ai la chance de pouvoir choisir mon lieu de vie, de pouvoir ouvrir des portes inaccessibles financièrement et de les claquer quand cela me chante. Une performance à la réussite de ma carrière. Une représentation et un idéal du succès. Le carcan du passé à l'épanouissement éteint, c'est bien du passé. Cet avenir plein de promesses a la qualité de me rassurer et de m'offrir des repères stables et flexibles. Même si le fait de n'être qu'un « simple serveur », comme le font remarquer mes grands-parents, ne m'enchante qu'à moitié. Eux qui pleurent leur maire Pierre Bérégovoy, aux thèses de l'assassinat ou du suicide controversées. Eux qui critiquent les cheveux en friche de mon amie. Que lui reprochent-ils au fond ? Qu'elle rit trop fort, et pour tout ? Qu'elle fasse de grands gestes pour s'exprimer ? Qu'elle reflète la joie, la vie, le mouvement ? Avec elle, les rares repas de famille ne sont plus les mêmes, ils vivent. Chez elle, aux déjeuners de sa famille, le jazz est omniprésent, et on ne parle pas de ce que l'on cuisine mais essentiellement de la couleur des tomates. France culture sert les propos de table. Les chemisettes sèchent sur le fil à linge. Son père trouve que mes cheveux courts sont trop militarisés. La végétation recouvre sa maison et le potager l'entoure.

J'accepte les seize heures de travail quotidien et les propos irrespectueux des supérieurs et clients à mon égard, comme par dévotion. Une dévotion qui devient envahissante et qui ressemble à de l'esclavagisme. Le courage de faire fi des défauts du métier se transforme en passion, en rage de réussir, d'être actif, réactif, hyperactif. J'arrive à un stade où je ne prête plus attention à l'aspirateur que je traine dans la salle de restaurant avant le service, aux pieds de chaises que je cire, aux verres que j'essuie, aux toilettes que je récure, à l'argenterie que j'astique, aux casseroles en cuivre que je lustre, à la vaisselle que je frotte. Seuls les quolibets m'usent. Seuls les regards suffisants me traversent. Seules les remarques déplacées m'interpellent. Seuls la hiérarchie et l'asservissement me rabaissent, m'oppressent, m'assujettissent. Je suis captif et dépendant de ces contraintes, de cette servitude, de cette servilité. Domestique des temps modernes, mon métier est une bastille qui rend docile, une obédience disciplinaire qui offre allégeance à un chef cuisinier empli de despotisme. Ai-je été préparé à une telle vie ? Malgré cela, j'envisage encore un lendemain. Chaque nuit se penche sur moi afin de laisser planer mes songes en perspective de mon avenir. Nombreux sont les soirs où je m'épanche auprès d'inconnues ou de méconnus pour faire couler sur le zinc d'un comptoir mes pleurs, mes émotions, mes sensations, mes rêves.

J'ouvre la portière, dépose mon sac kaki sur la banquette arrière, mon blouson en jeans par-dessus, puis je m'assoie au volant. En route pour « ailleurs », me dis-je une fois encore. Un dernier regard en direction du salon de coiffure. Mon père, « Pater noster », est attelé, les bras formant un angle à quatre-vingt-dix degrés avec son corps, un ciseau dans une main et le peigne dans l'autre, il coupe encore et toujours inlassablement les cheveux qui s'amoncèlent sur le carrelage. D'un geste, il m'envoie son amour paternel. D'un regard, il me dit « Fais attention sur la route, roule doucement ». Je pourrais craindre des embrassades de ma mère, « Mauser », voire des effusions. Non, cela ne correspond pas avec la schéma.

Un bruit sec me fait sursauter. Quelqu'un toque à la vitre. Une connaissance, de mon âge. Je sors de ma voiture en me réjouissant par avance qu'un ancien camarade puisse venir ainsi m'aborder, certainement pour me demander de mes nouvelles et de l'évolution de ma carrière professionnelle.

— Ta mère est au PMU ! Faudrait que tu y ailles !

La dernière fois, que je suis allé la ramener du bistrot, ne date que de la semaine précédente. Vingt ans que cela dure. A l'entrée du café, les habitués incarnent des caricatures de Daumier, des êtres de plus en plus démotivés. L'ambiance est délétère. Le consommateur local y brûle sa solde, son salaire, ses allocations et son épargne. Il rêve de voir son nom sur l'affichette du dernier gagnant du loto. Son nom ne parait que sur l'ardoise pendue derrière le comptoir. La maison fait crédit, et y gagne une fidélisation excessive. Des fidèles qui préfèrent la bière au vin de messe. Des fidèles qui ne mesurent plus leurs demis.

Je trouve le patron du lieu. Je lui indique qu'il serait sympathique dorénavant de lui refuser l'entrée. Il me rétorque ne pas interdire les clients qui payent. Je lui rappelle que c'est pourtant la loi des hommes qui prévaut sur celle du tiroir-caisse. Honteux, je prends ma génitrice par le bras, l'aide faiblement sur les deux cents mètres qui nous séparent de l'appartement au-dessus du salon de coiffure. Ce coup de glaive entre deux côtes me fait porter une croix, comme il me faisait courir plus vite quand j'étais enfant pour que mes pensées soient plus diffuses, pour m'éloigner de l'enfer.

Arrivés à mi-chemin, je la laisse finir seule les quelques derniers pas qui lui reste à faire en titubant. A cet instant, provenant d'une rue adjacente, sans apercevoir ma présence, deux adolescents lui envoient :

— Alors Yolande, toujours aussi bourrée ? Oh, désolé mec. On t'avait pas vu.

Mon regard en leur direction est sec comme le claquement de ma portière. Si une épée de Templiers avait été à portée de main, j'aurais certainement pris en chasse ou en duel ces méprisants. Mon visage à cet instant est fermé, comme il l'est depuis maintenant plusieurs années, pour garder la douleur enfermée dans ma boite de Pandore. Je me répète sans cesse que je ne dois pas l'ouvrir, afin d'éviter tout bouleversement de l'identité que je construis et à laquelle je me laisse croire. Ma bouche reste muette. Ma mère ne se retourne pas. Est-ce une maitrise de soi afin de ne rien vouloir laisser paraitre, une absence totale d'intérêt pour son fils, ou simplement la limite de l'état éthylique dit « second » ? Mère portée par le nihilisme, sans espoir, sans intérêt.

Marqué par le choc de ce tumulte relationnel, l'amour familial, au fond, est bien trop sévère pour m'atteindre, m'émouvoir. Torturé, mes canines s'entrechoquent, mes pupilles se dilatent, je sens que je frôle le fond, que les barrières que j'avais dressées pour ne pas être touché commencent à vaciller. La céphalée me gagne. Les veines de mon front s'affolent. Sensibilité aux odeurs, à la température, à la lumière, aux bruits. Dominé par ce proche passé, j'existe seul dans un donjon qui n'a pas de véritable saison à attendre. Mon berceau fut bousculé, mon enfance bouleversée, mon adolescence précipitée. Mon entrée dans le monde adulte est troublée. Stratification de souvenirs marquants. Je dévisage ma raison, celle qui me montre le chemin à envisager. Un chemin de croix qui me rappelle celui de la collégiale Saint Martin où j'officiais enfant. Un chemin de tables, de table en table, étoilées ou immaculées, tachées et entachées par des verres renversés. Des tables qui m'emprisonnent, tout autour de moi, qui définissent mon rang, qui m'emmurent dans mon rôle de chef de rang. Mon cœur est lourd. Il cesse un temps de flotter, emprisonné dans une cage dorée et thoracique. Je sens qu'il dégouline, qu'il est rempli d'eau, de larmes. Pour qu'il cesse de me rendre fragile, moi roseau pensant pascalien, je l'étreins sans tendresse, et lui offre une pierre comme matière première. Il reste lourd sans mots, sans bouée de sauvetage, inconsolable, pesant. Il est voué à dépérir. Alors j'écris des poèmes sur des carnets pour me soulager. Sur mon berceau, la fée Graphie reste éphémère, et ses effets effectivement imparfaits. Seul dans ma coquille de noix, à travers marées noires d'encre et pluies diluviennes d'idées, je décide de prendre mon brin de vie en main. De m'éloigner de ces raz-de-marée de désillusions et de ces individus à quai, ancrés, imbibés d'alcool à solitude.

Impression d'une lésion dans mon crâne. Migraine qui répète les mêmes douleurs que la veille. Compétences sensitives différées. J'appuis sur l'embrayage, et au moment d'enclencher la première, une image me traverse l'esprit. C'était un an plus tôt, l'image de ma petite amie que mon meilleur pote « m'a piquée ». Aujourd'hui, plus aucune nouvelle, plus aucune personne, de toute la bande que nous formions, ne m'adresse la parole, depuis cette douloureuse séparation. Ces « amis » ont préféré rester aux côtés du nouveau couple né de mes propres cendres, me laissant sur le bas-côté.

Quelques minutes plus tard, je roule à bonne allure en direction de Boismorand. Mes essuie-glaces peinent à nettoyer parfaitement le pare-brise et les deux chiures de pigeons de la collégiale qui sont étalées pile-poil dans l'axe de mon champ de vision.

Pense-t-elle encore à moi ? À nous ? À ces moments passés ensemble ? « Cœur dure comme de la pierre que rien ne fait craquer et qui peut tout traverser » pensent les collègues de moi. Ils n'hésitent pas à me le dirent comme pour m'encourager. C'est mal me connaitre. Moi qui me considère comme fragile, mélancolique, nostalgique, à fleur de peau voire suicidaire, et pour qui ces états de pensées sont agréables. Vivant énergique motivé et ténébreux nostalgique, à la fois, en alternance. Je suis un cœur d'artichaut placé au beau milieu d'un lac de crème glacée, entouré d'huîtres en gelée d'eau de mer, gorgées de larmes aussi salées que mes histoires de cœur. Je suis à la fois matière et immatérialité. Je suis un corps, des sensations, des perceptions, des formations de l'esprit, des émotions, des pulsions, des volontés, et devrait être une conscience. Une mélodie sort de l'autoradio à cassettes. Avec le temps, Léo Ferré est parti. Aux infos un homme se positionne comme un héros : dans une école maternelle, le maire de Neuilly négocie avec « Human bomb » pour qu'il relâche des otages ; il réussit à sortir de l'école avec un enfant dans les bras. Mes mains glissent sur le volant. J'ai beau les essuyer sur mon pantalon noir de loufiat, elles restent moites.

Dans les lacets de Billy-sur-Oisy qui cassent la monotonie de la route, pour une fois, je lève le pied de l'accélérateur, qui la plupart du temps est enfoncé afin de vivre toujours plus vite, toujours plus loin, toujours plus fort, toujours vivant. J'ai l'impression d'être déjà loin de ce qui est derrière moi, de ce qui me pousse à fuir, ce qui me fait aller de l'avant. Pourtant, toujours ce poids des responsabilités mais pas responsable, des culpabilités mais pas coupable. Recherche de fuite en avant dans une perspective imperceptible. Je me demande sans cesse qui ou ce que je pourrai bien être dans un an, dans dix ans, dans vingt ans. A la radio, l'état se lance dans un emprunt de 40 milliards de francs qui coûtera plus de 110 milliards aux finances publiques. Le nombre de chômeurs dépasse 14 % de la population active. Que sera ma vie dans ce paysage médiatique ? Les enfilades d'arbres, tous différents et identiques à la fois, les virages en embuscades, les villages abandonnés dans leur jus, les espaces verts comme des rapiècements sur les tissus urbains, et à nouveau l'immensité verte de la forêt solognote.

A quelques mètres, j'aperçois maintenant l'Auberge des Templiers. Sur le ciel lumineux, entre deux forêts, se découpent les silhouettes dorées et massives des toits en chaumes. Une grosse cheminée dépasse et laisse s'échapper un filet de fumée grise. Bloqué derrière un poids-lourd, prêt à traverser la Nationale 7, je tourne la tête pour observer si un véhicule vient de ma gauche, et je contemple le lointain. Ce point de fuite, que dessine la Nationale 7, file au loin sans savoir où elle mène, vers un horizon dont la ligne se discerne à peine. Des camions, les uns derrière les autres, arrivent de Montargis. Quelques-uns de ces véhicules s'arrentent au snack routier, trente mètres plus loin. La vitrine du snack offre le reflet de ce défilé de « quatre tonnes cinq ». Les quelques clients attablés tournent le dos à la vitrine. Une femme forte, au visage rougit, habillée d'une blouse d'un autre temps, s'affaire derrière le comptoir. Les grands cafés noirs sortent du broc en pyrex. Le formica brille. Ma curiosité n'ira pas jusqu'à pousser la porte de ce lieu où la musique de Johnny est reine. Les autres routiers, sans s'arrêter, roulent comme aspirés par ce point de fuite et disparaissent, moutons, pour laisser place à un autre routier. Sur cette célèbre RN7, les véhicules se laissent guider aveuglement par tradition, comme moi par mon instinct. Guider ma vie par une règle générale, lui donner un sens, une maxime. Au bout de ce point de fuite, de ce faisceau, une lumière provient du sud. Elle m'attire comme un insecte. Et si le sud était « la » direction ? Est-ce la direction de ma vie, qui apportera « la » solution, la lumière de la positivité, lumière de la connaissance, éclairage du discernement, lumière sur mes choix, lumière sur mes convictions, sur mes valeurs, sur les vérités, les interdits, les raisons, la juste mesure ? Dois-je encore me contenter des arguments d'autorité qui sévissent dans les brigades des restaurants pour donner un ordre à ma vie ? Dois-je me définir ma propre vérité de la vraie vie ? La vérité est souvent difficile à entendre. Est-ce mal de dire le vrai ? Mon caractère à franc-parler dit souvent aux autres ce qu'il pense, mais suis-je franc avec moi-même ? Chaque blessure de la vie est, pour moi, une nouvelle vérité, une plaie qui devient béante, une boite à secrets qui s'ouvre et laisse s'échapper un peu de moi, un peu de mon âme. D'autres s'approprient un peu de moi quand ils s'approprient mon travail. Je refuse d'admettre les vérités extérieures, normatives. Je m'évade par l'intérieur, vers mes rapports internes qui me font être ce rêveur, et choisir la fuite à l'affrontement. Logique ou politique de vie ?

Arrêté au Stop, personne dans mon rétroviseur, rien ne me presse. J'observe à loisir l'hostellerie face à moi qui m'attend et les employés comme les clients qui fourmillent dans la cour. La maitresse des lieux, Dominique, ancienne top model qui a épousé l'héritier de la vieille famille faussement aristocratique et propriétaire de ce havre de paix, quitte les annexes et se dirige vers la réception. Je la suis des yeux, tandis que je regagne le quartier du personnel.

Cet après-midi, la brigade joue au football, pour souder les individus. Pour souder les individus pendant le service, on crée deux équipes rivales durant la pause. Une comédie humaine en trois actes, en trois mi-temps. Une minute de silence pour la tribune de Furiani, ses 18 morts, ses 2 200 blessés.

Dans l'entrée du restaurant, les tableaux m'observent, à chaque service. Applaudi de l'univers des couleurs, un combat de pastels dans une mer de glaces échantillonnées, affublées de chantilly fouettée, défend son statut d'œuvre comme un étendard. Une lutte acharnée contre les rituels effets éphémères d'un feu d'artifices sur un coucher de soleil en bord de mer Caspienne. Un lit d'oranges et de citrons, accroché au mur, inflige à une nature morte, marquée par l'hérésie du temps et de ses teintes passées, l'hommage à rendre au classicisme. Tandis qu'une fine tranche de saumon fumé étalée de tout son long dans une assiette d'opaline dorée, étend sa science de goût et d'esthétisme. Eclatante nouvelle cuisine dans tout son art qui profite de ses retombées lumineuses. Samedi soir, uniquement des tables de deux couverts. Des couples en théorie. Jean-Pierre Coffe et Gérard Oberlé prennent le temps de discuter avec moi. Je leur évoque les grimoires de Bertall qu'enfant j'avais reçus de mon voisin. Ils estiment que je suis assis sur une rareté, une manne, et proposent de me les acheter. Dimanche midi, à une de mes tables Alain Delon. Sa simple présence monopolise toutes les attentions. Visage en fer de lance, fermé, dure, saillant. Sa voie génère les mêmes adjectifs. Un client m'interpelle, tout en parlant au téléphone.

Ça vous intéresserait d'être figurant dans une pub ? me dit-il.

BOURGOGNE-PARIS

Une appétence pour la vie bien remplie, active. Réelles dispositions, simple tendance ou sentiments profonds, qui poussent mon organisme à consommer la vie afin de satisfaire mes besoins de 24 printemps ? Je suis balloté entre appartenance à une famille professionnelle, appétence à découvrir le quotidien de nouveaux restaurants, besoin d'évoluer dans mon apprentissage aux différents métiers de l'hôtellerie et besoin d'apprendre des savoirs satellitaires. Pour tenter d'endiguer l'aridité de ma culture, et tenter de planter des arbres dans ce désert d'ignorance, j'ouvre tout type de livres, tout ce qui passe non loin de moi : économie, philo, psy. Entre mon service du midi de maitre d'hôtel et celui du soir, grâce à des amies aux disciplines variées, je m'incruste discrètement, petite souris, dans les grands amphis de la Sorbonne pour écouter des cours sur l'art ou la politique. Je ne comprends pas grand-chose, mais cette difficulté me donne du plaisir. Je réussi à appréhender quelques concepts, puis arrivé à la moitié des bouquins, ils me tombent des mains. L'assimilation devient stérile. Je cherche un équilibre entre alimentation du corps et de l'esprit. Mon organisme est assuré de trouver tous les nutriments suffisants dans les surplus de la production culinaire et l'endorphine nécessaire à mon esprit via l'énergie déployée durant les services. L'endorphine, substance qui remplace tout opiacé ou morphine dont mes collègues usent. Les assiettes mêmes brulantes ne me font pas réagir tellement mon corps est sous cette stimulation d'endogènes. Le travail devient une drogue, et la suractivité un plaisir, une gourmandise si elle est rémunérée d'heures supplémentaires, de pourboires ou de pourcentage sur le chiffre d'affaires. Quand le service est à son apogée, à son coup de feu, mon hypothalamus est à son extase et brasse comme jamais les messages entre mes terminaisons nerveuses.

Phénoménologie du plaisir de l'homme, le vin est comme un miroir du savoir. Moi, sommelier, je diffuse le reflet de ce miroir, avec ses rituels de dégustation, son mode de vie. Substance médiumnique barthienne. Matière philologique dovazienne. Essence intellectualisant coffienne. Appliquer une lecture transcendantale, associer sa pensée aux origines terrestre du vin : en voilà une quête concrète ! Après avoir traversé, durant toutes ces années, un désert d'instruction qui n'a fait que s'étendre au fil du temps, j'ai soif de connaissances, scolastiques comme expérimentales. Ce produit uval m'invite à apprendre donc à transmettre. L'imaginaire du vin me plait à me mettre en perspective. Tantôt sommelier dans des restaurants étoilés Michelin, tels que Lameloise à Chagny, tantôt candidat à un concours de meilleur sommelier, tantôt expert dégustateur pour remettre une médaille à un domaine viticole. Il ne suffit pas d'avoir une grande expérience, j'appelle mes sens à s'affiner par la récurrente et la lecture théorique des différents crus. Il faut dorénavant que j'acquière le vocabulaire pour exprimer mon imaginaire. Difficile à codifier. Forcément rempli d'analogies. La France est la fille privilégiée de la vigne et la mère passionnée du vin. Alors tout le monde parle de ce breuvage avec ses propres mots.

Changement de cap. J'accumule et assume les kilomètres, expériences et acquisition de compétences, pour bâtir cette foutue carrière en Relais & Châteaux trois étoiles. Mais qu'est-ce qui est bon pour moi ? Contrairement au bourg de mon enfance en Bourgogne où chacun laboure dans sa tête ses envies inavouées, à Paris tous profitent des chaleurs de la nuit, du bonheur des folies et surtout de la foule hétérogène qui grouille sans aucune gêne de faire valoir ses propres valeurs. Auto-Boulot-Disco-Dodo. Par contradiction, l'épuisement vient finalement à me gagner. Je ne m'épanouis plus. Je ne réalise rien. Je ne construis rien finalement, contrairement à mes collègues pâtissiers qui se vivent dans la préparation au concours du Meilleur ouvrier de France, d'un niveau olympique. Je ne fais que d'avoir des stratifications de lignes aussi brillantes soient-elles sur mon curriculum. In fine, je ne vis en réalité, dans chacune de ces étapes gastronomiques, que des pluies acides d'interjections des chefs cuisiniers, voire de quelques paroles sucrées de clientes. Je dois donc développer une logique d'être plutôt que d'avoir. Être utile. Exister aux yeux de quelqu'un plutôt que d'être une silhouette cachée derrière l'assiette du chef cuisinier. Y aurait-il une sorte de nouveau service pour lequel je peux être utile, une porte de service ? Une sortie de secours pour un monde plus exaltant ? Je me suicide lorsque je fais des heures durant un travail que je ressens inutile. Je me suicide chaque fois que je consens à obéir à une hiérarchie et à des règles qui m'oppriment. Je me suicide quand je ne suis pas moi.

Suis-je utile dans ce paysage ? Question ni abstraite, ni métaphysique. La question posée n'appelle pas de réponse. Simplement besoin d'aller au-delà de mon individualité, de tenter de devenir singulier et de profiter de la nature humaine qui m'a été offerte. Je plonge dans mon quotidien, dans cette semi-fonction de plongeur de fin de service, moitié plongeur de restaurant, moitié plongeur dans une nature vivante et profonde. Envie de découvrir un autre paysage. En ai assez de l'alternance Paris-Bourgogne. Une sorte de grand bleu m'envahit, me submerge, me noie. Commence à rêver d'un appel à l'océan qui trainerait est au fond de mes yeux.

Le vent me porte sur des chemins multiples. Je traverse alors une période d'accumulation d'extras en restaurations en tout genre, des activités professionnelles courtes et intenses, un conglomérat d'expériences, un millefeuille de formations, de rencontres, de sensations, de pulsions, de résignations et de courage. Cow-boy runner chez Eurodisney, je cours encore et encore. Pizzaiolo dans un camion, je piétine. Serveur esclave pour une boite de nuit afro, j'accepte le jeu de rôle même si discriminant. Serveur au George V, je m'écrase devant la hiérarchie. J'avance, je passe tous les obstacles, je pulvérise les murs. Je vais à vive allure, je cours à l'infini. Ma voiture s'écrase contre un platane. J'ai mal à la tête. Sur quelle voie ma conscience dit-elle s'orienter ? Mon existence est-elle réelle dans ce paysage gastronomique, dans cette famille de la restauration ? Vivra-t-elle une permanence, une stabilité ? Mon curriculum et mon égo ne seraient-ils pas simplement en train de se saisir d'illusions qui me mèneront à ma perte ? Je ne fais que de courir entre la cuisine et la salle, comme le lièvre qui fait des va-et-vient en attendant la tortue. Du latin *curriculum* « course », dérivé de *currere* « courir » et du génitif de *vita* « vie », mon cv devient ma vie, ma vie devient mon cv, je cours pour vivre et je vis pour courir. Si je cours, je me raccroche à la vie, selon Balavoine, et je me saoule avec ce bruit des corps qui m'entourent.

J'ignore tout de la vie. Je n'ai aucune connaissance sur rien, ni sur tout, sinon en substance. Aussi, je désire encore et encore, toujours plus. Plus de vie, d'expérimentations, d'énergie et de carburant monétaire pour concilier ces expériences. Le désir insatiable crée une frustration. Au fil des stratifications de lignes sur mon curriculum, l'humilité devient de moins en moins flagrante. Je considère simplement persévérer dans mon activité sans m'apercevoir que cette vertu est une pente savonneuse. Je suis épris de liberté. Je zappe d'un restaurant trois étoiles à un autre, d'un Relais & Châteaux provincial à un Palace parisien. Je suis autonome. C'est mon individualité. C'est la réalisation en gestes, la conception en actes, et la formalisation en mots, qui donneront naissance à une réussite par l'effort. Mon égo est comme l'égoïne, en dent de scie. Il mue chaque jour. Concupiscence de l'âme, le désir me fait pécher, et cache l'envie vertueuse de m'accomplir et d'évoluer. Les micro expériences professionnelles se diversifient, maintenant tantôt réceptionniste de nuit, garçon de café, voiturier d'hôtel. Je ne crains pas l'échec. Si je ne me plais pas, il suffit de partir.

J'en fais de même avec la culture. Si elle ne me plait pas, j'en change. Orsay, Louvre, Chailllot, les musées de Paris sont comme des livres ouverts, qui m'expliquent les paysages, les contextes, les symboliques, les micros, les macros, mes métas, les mésos, sans que je ne les comprenne. Chaque perception me permet de définir une nouvelle version de l'œuvre. A l'image de la qualité des restaurants. Seuls les clients construisent la qualité.

Tom Cruise dans le film « Cocktail » appréhende l'ingénierie managériale de derrière son comptoir, avec des manuels feuilletés entre deux shakers. Ce soir, cocktail shaké mêlant mélo et cafard. Alors, « Boire » serait-ce penser ? « Déguster » est-ce peser des qualités, discerner le vrai du faux, le bon du mauvais, mobiliser mon esprit et mes sens ? Faut-il être sobre pour comprendre où est la limite entre déguster et boire ? Paradoxe. Si mon expertise professionnelle me définit comme ascète, suis-je jouisseur pour autant de ces breuvages incorporés ? Un bouquin de psychologie dans la poche revolver de mon veston, entre deux clients, je tente de découvrir les méandres de l'âme. Effacer ses préjugés. Appréhender un nouvel éclairage sur le paradigme de l'humain. Élever mon ouverture d'esprit. Toucher au vrai, à ce qui construit l'immatérialité. Besoin de creuser, comme les ouvriers franco-britanniques, un tunnel mis en abyme, dans mes abysses cérébraux, pour tenter de voir le jour. Le monde professionnel qui m'entoure réduit mon champ de vision, me normalise, me micronise. Besoin de dominer, non pas les hommes en montant dans les grades de la brigade hôtelière, mais me dominer. Connaitre ma nature, ses raisonnements et ses raisons d'être. Interroger le passé et me poser des questions en tenant compte des images, des souvenirs, des émotions anciennes. Qui dégustait le vin dans ma famille ? De quelle façon profitions-nous des agapes ? Avec amour, ennui, exubérance, fantaisie, rigueur ? Enfant, est-ce que je participais à la dégustation et comment ? Quels produits revenaient le plus souvent à table ? Quels rituels étaient respectés, et de quels messages étaient-ils accompagnés ? Dans quel décor et dans quelle ambiance se déroulaient ces moments de partage ? J'accepte ma nostalgie, ma sentimentalité, comme le trait le plus singulier de ma personnalité. Mais reste que, d'impassible, je suis devenu un serveur pensif, apathique, sans sourire, et il en déplait aux directeurs des restaurants. Ma face est ténébreuse, car à l'intérieur les rideaux sont ternes, surtout quand les souvenirs reviennent. J'ai beau avoir pris la route, avoir tracé un chemin, mais le temps, ce requin, me bouffe de l'intérieur. Mes idées ressemblent à une exposition de musée, fermé au public, pour me morfondre encore et encore. La nostalgie prend le dessus. Serait-elle voisine d'une névrose ? Emotionnellement dominé par un passé douloureux. Je me suis collé ce souvenir familial à l'esprit comme la vignette au pare-brise de ma voiture : modèle identitaire « véhicule polluant de niveau 3 », « individu pollué et polluant la société, non reconditionnable, pas durable ». Défaut inscrit à mon front. Mes fonctions de maitre d'hôtel et maitre d'apprentissage cumulent responsabilités et compétences, comme les points que mon permis vient de capitaliser. Ces fonctions m'indiquent la nature humaine que je suis en train d'acquérir. Sec et froid. Vais devoir accepter cette perception, et faire avec. Suis sans cesse en tension entre moi et moi. L'exploration exprime ma complexité, mes limites, mon strabisme de la vie. Plus je découvre, plus j'accepte ce que je suis, plus j'avance avec moi, mon surmoi et mes démons, plus j'envisage l'avenir, la route, l'horizon. Nouvelle lueur de satisfaction dans ma perception des choses. Hier encore j'envisageais le tatouage « no-future » sur mon torse. Deux mots qui résument à la fois le désarroi de ma génération-chômage et l'impasse que je suis. Finalement ce sera une plume pour écrire le reste de ma vie, tatouée à mon épaule.

Je me suis envolé très jeune du nid, de mes propres ailes, pour tenter de me rapprocher d'un soleil, d'un idéal. Je me suis porté sous chaque ciel, tout seul. J'y ai laissé quelques plumes icariennes. Aujourd'hui, j'obéis à mes désirs de liberté en allant voir ce peintre de fortune, pour qu'il me fasse mon portrait. Ni portrait-robot, ni portrait chinois, ni portrait craché. Mais un portrait torturé juste portraituré. Le cas me plait sans hésiter. Je demande au tatoueur un K et une plume, tous deux imbriqués. Je suis un cas. Regretter après coup est impossible. Impossible de revenir en arrière ou d'effacer d'un coup de gomme. Elle durera ma plume, sans duvet, sans volupté, sans air, sans légèreté, sans âme. Elle est un arbre singulier sorti d'entre mes pores. Elle est ma protection anatomique, mon âme sœur que j'ai dans la peau gravée pour l'éternité. Elle est mon billet tamponné pour planer. Ma sergent-major, inscrite à mon épiderme, me donne un cadre pour transcrire mes pensées. Étrange ! Je croise sur mon chemin beaucoup plus de « no-future ! » tagués sur les murs, que de plumes. Une forme de « Haine » à la Kassovitz.

La peau de mon caractère mue, poussée par le vent. Le sucre de l'enfance devient l'amertume de l'adulte que je suis. Faille temporelle, je mets depuis dix ans le même nœud pap et la même veste blanche. Que suis-je en train de faire de ma vie ? Enfermé dans ce costard étriqué, chaque matin, l'angoisse solitaire me prend avec des temps de poisses et mes tripes en émois. Démolition de la statue de Gargantua au parc d'attractions de Mirapolis, et moi je dois me construire. Demain sera peut-être un autre jour ? Demain sera peut-être un « bonheur dans le pré » ? Comment mesurer le bonheur ? Il diffère pour chaque génération, à ce que disent mes collègues, il diffère à chaque nouvelle adresse, à chaque nouvelle expérience professionnelle, à chaque instant, comme un progressisme béat.

Quartier de la rue de l'université et de la rue Surcouf, un village dans la capitale, j'officie dans un bouchon lyonnais étoilé. Cuisine des gônes : tablier de sapeur, quenelle de brochet, grattons, Saint-Marcellin de la Mère Richard et Côte-rôtie « la Landonne », « la Mouline », « La Turque ». De grandes découvertes. Chef sommelier, maître d'hôtel et maitre d'apprentissage à la fois, j'occupe l'espace. Le fils Depardieu excelle dans *Les Apprentis* : « Maths sup ou Maths spé. J'hésite encore ». Je n'ai pas les codes pour comprendre cette vanne. Au quotidien, je connais les habitudes des députés venus en voisins et des quelques stars du showbiz. Nous sommes en juillet, je vends mon premier Pétrus à Jack Nicholson. Le service du soir fini, je cours à la Loco ou au Memphis. Retour en footing depuis Bastille jusqu'aux Invalides, à 5h du matin. Discussion avec les plantons nocturnes de l'Assemblée nationale. Les rues sont vides. Les après-midis, j'écume les musées. 25 juillet, je sors de la station RER Saint-Michel, et rentre au restaurant. Le chef écoute la radio. Attentat meurtrier sur la rame qui me suivait. Devant un piano assez rudimentaire officie un chef californien âgé de 28 ans, personnage truculent qui m'emmène sur sa moto faire des road-trips chaque nuit sur les Champs Elysées. Attenante à la cuisine, se trouve la petite salle aux tapisseries murales usées par les années et jaunies par la nicotine. C'est ici qu'il fallait avoir sa table. Ici, pas de visite du chef qui, circulant entre les tables, toise d'un œil les hôtes échangeant des banalités peu à son goût. Des discussions qui sont souvent faites pour éloigner le chef des fourneaux au moment du coup de feu. Ici, rien de tout cela. Ici, le maitre d'hôtel règne en salle. Il est entremetteur politique. Il est celui des Feydeau. Il est celui qui détient le carnet des habitudes, des habitués, des relations, des réseaux. La carte des mets, assez sommaire, est le complément idéal pour accompagner les grands vins que contient la cave. On y accède par un escalier de bois, raide comme une passerelle de paquebot. Sur le sol en terre battue, s'entassent jusqu'à trois mètres de haut, des caisses de bordeaux, des cartons de bourgognes, et l'apanage de la vallée du Rhône viticole. Le long de trois murs se dressent des casiers en bois, montés à la hâte, dans lesquels reposent les vins les plus recherchés du monde : Chateau Grillet, Domaine de la Romanée-Conti, Eiswein d'Egon Muller, Pétrus, Château Lafite Rothschild .... Dans les appartements au-dessus du restaurant, une petite tendresse de 18 ans, un grain de beauté sur la joue, bouquine ses manuels de pharma dans un 18m². Sur le même palier, une vieille dame apeurée par la société qui l'entoure. Au matin, les pompiers viennent chercher l'octogénaire. Son corps et son visage sont recouverts d'un drap. Les jours passent. Le propriétaire de l'immeuble nous fait savoir qu'aucun héritier n'existe et que personne ne viendra récupérer les biens dans l'appartement. On nous propose de nous servir. Déposséder cette défunte des objets qui l'ont entouré, qui l'ont incarné, qui l'ont identifié, qui lui procuraient des plaisirs proustiens. Comment admettre cet acte ? Dans son logis : les meubles se comptent sur les doigts de la main. Sur une étagère des livres : Romain Rolland, Claude Tillier, Jules Renard, et une gazette clamecycoise de 1938. Cette dame était de mon village, elle était depuis tout ce temps au-dessus de ma tête, moi qui me sens si déraciné, si isolé, et je n'en savais rien.

Durant les jours de congés, des extras comme caviste dans la boutique Nicolas de Vélizy 2 et un intérim de taille des vignes de Suresnes viennent rapidement compléter mes explorations oenographiques. Tentative d'activités pâtissières. Valrhona et ses pistoles de chocolat déclinées en recettes toutes aussi gourmandes les unes que les autres, auront raison de ma régularité épistolaire. Mes carnets d'émotion commencent à s'espacer. Ma production d'opus poétiques ne peut pas rivaliser contre l'accord d'Opus one de la Napa Valley et du chocolat des hauts plateaux. Plus je mange moins j'écris.

Un journaliste est prévu de passer à 15h00 au restau. A son arrivée, sa remarque est immédiate : « Vous êtes très jeune pour un patron ! » « Oui, mais ça ne durera pas » est ma réponse. Il vient couvrir l'affaire que je viens d'ouvrir avec mes associés. Mon restaurant. Notre restaurant. Le rêve de tout professionnel, devenir entrepreneur. Les Fermes de France, un hôtel-restaurant, à Saint-Ouen l'Aumône, tourné vers les spécialités régionales françaises. La carte des mets est renouvelée chaque semaine. Sarl puis Société anonyme, vouée à essaimer une chaine de petits restaurants identiques dans toutes les grandes villes de France. Je vois également assez bien le filon des épiceries fines se dessiner, pour proposer aux clients un espace de vente des produits de terroir servis dans les restaurants. L'affaire sent bon le développement économique, les dividendes et la réussite. Mon associé, Jean-Luc, cuisinier de son état, est aussi motivé que moi. Le troisième larron, un comptable, de trente ans notre aîné, est plus frileux. Il se contente de rester enfermé dans son bureau, de nous glisser des notes de service et d'instaurer au fil du temps un dialogue hiérarchique. Aujourd'hui, son bureau est resté ouvert. Je m'y faufile, trouve le chéquier de la société dans le tiroir, et découvre sur les talons des notes de frais fictifs hebdomadaires et incommensurables. L'affaire stoppe nette au moment où l'article de presse parait dans un magazine national, avec en gros titres « Ferme de France, un bel avenir pour des jeunes entrepreneurs ». Goût d'amertume. Dégoût. Sentiment d'avortement, d'enfant mort-né. Tristesse assumée. Je m'étais jeté à l'eau, dans ce projet, à cœur ouvert, à corps perdu. J'avais jeté mon dévolu sur des perspectives utopiques, optimistes. Je retombe les pieds sur terre. Ma raison est résolue. Je dois changer de piste pour garder la vue. Malgré tout, mon cérébral tourne en rond sur l'irréussi, sur ce que j'ai failli, sur ce qui a fait louper ce virage, sur ce que le temps m'a pris, et sur cette envie que j'ai toujours. Je pourrais prétendre savoir, avoir appris de l'échec, une quantité de savoirs, et garder mon désespoir pour des regrets qui comptent. Je pourrais faire un nœud à mon mouchoir et réenvisager le projet pour plus tard. Je pourrais remonter ma vieille montre à sautoir, pour remonter dans le temps et recommencer à zéro. Mais je retiens le dépits. Cette saveur aigre dans la gorge.

Lors du Concours général agricole, j'officie au titre de jury dégustateur. A cette occasion, mon imagination, maîtresse d'erreurs et de faussetés, me laisse entrevoir une définition du bon vin, qui n'apparaît pas toujours comme telle aux yeux des autres jurés. Ma définition personnelle est souvent faussée vis-à-vis du goût d'autrui. Elle ne donne en dernière instance aucun repère sérieux. La raison a beau résider dans l'esprit de chacun, ce n'est pas elle qui établit la valeur universelle du vin. Quand le vin devient gourmandise et ennemi de ma raison, mon corps et mon esprit se plaisent à contrôler les risques de dérives et de dépendances. Découverte d'une seconde nature chez moi. Je pratique l'anthropophagie positive, j'intègre une parcelle de matière de mes ennemis, les vins et leurs risques, afin de neutraliser leur pouvoir et de s'approprier leurs vertus. Recherche d'un idéal, d'un esprit sain, d'un corps sain, d'une richesse des sens, d'un bonheur, d'une relecture des petits malheurs. Le vin et la cuisine font, à chaque gorgée, à chaque bouchée, douter et suspendre mes sens. Me rendre raisonnable ou déraisonnable, sage ou fou, et remplis d'une insatisfaction dépassant largement la raison. Le besoin humain de recherche de jouissance tend à m'attirer dans un envoutement vers le plaisir, dicté par une perception mal maîtrisée. Ma vision personnelle engagée, convaincue, devient excessive et risque d'aboutir à un excès de table, voire à une dépendance. La dépendance « idéalisante » panse mon narcissisme, dans un monde anéantissant. Manger me permet de définir mon identité, de sortir du confus, de nommer et identifier ce que j'incorpore, ce qui me construit. Ce matin, le flash du réfrigérateur. Ouvrir sa porte, ouvrir cette brèche qui me permet d'attraper le beurre que je dépose sur une tartine. Relation ambigüe avec la nourriture. Me nourrir, c'est absorber pour m'imprégner du produit, m'en emparer, pour le garder mais aussi pour le et me détruire. Je suis une bouche ouverte pour demander et prendre du plaisir. Travailler comme manger ne servent qu'à « boucher des trous » sartriens. Ingurgitation, incorporation : une compensation. Résultat d'un manque, d'une carence. Comme un trou dans le ventre qui doit être « comblé ». Ma bouche mange, comme un somnambule, à ma place. Désir de fantasmagories gourmandes. Les kilos me gagnent. Besoin de comprendre. Je vais suivre en cours du soir les conférences de psychanalyse à la Cité universitaire, et entre le service du midi et le service du soir je m'incruste discrètement en psycho à Jussieu pour entendre parler des méandres cérébraux qui problématisent mon quotidien. Tenter de me lire : Mission désespérée. Je fais des escales au Guide du Routard pour écrire les bienfaits des vins de la Drôme et de l'Ardèche, j'installe des ateliers de dégustation à Sèvres, Saint-Cloud et Vanves. Et je deviens ponctuellement commercial pour LVMH spécialiste de la Veuve Clicquot Grand Dame, un des champagnes les plus vineux et pinoté. Tentatives de tortueux récits de voyages expérimentaux aux journées sans nuit. Des courts-séjours dans de nouvelles entreprises sans projet carriériste érigés en style de vie. Juste envie de découvrir les facettes de la transmission oenogastronomiques.

Au détour de cet agenda occupé, je croise un regard qui me parle sans bouger les lèvres.

MARSEILLE, VENT VIOLENT

Les sirènes du centre de formation d'apprentis, dans lequel j'officie en qualité de professeur de restauration, couvrent celles du port de Marseille d'où les ferries décollent par intermittence. Tout est bleu autour. Seule Frioul est un point sur la carte marine. Debout sur l'estrade, je regarde ces gamins relater les propos conflictuels de Yasser Arafat et Benjamin Netanyahou, relayer cette guerre, sans que ni eux ni moi ne comprenions parfaitement la teneur de cette lutte israélo-palestinienne. Seuls les reflets de la télévision et du bagage religieux de leurs parents les amènent à ce stade de convictions. Effaçant le rôle primordial du tableau noir, le regard de ces ados-adultes est obnubilé par la mer, les mouettes et la plage de l'autre côté de la vitre qui commencent à s'évanouir dans le crépuscule. Les jeunes se sentent enfermés, oppressés, dans cette école comme dans un mouroir. Certains sont en réinsertion carcérale. Ils rêvent d'aller courir sur la plage, d'aller vivre. Et moi, je les comprends, car finalement je me suicide lorsque je consens de demeurer dans un local où le soleil ne pénètre jamais. Du haut de cet immeuble, je vois la mer. Comme un géant impressionné, je juge, je jauge, ce Gange. Ce hublot dans mes cours, crève l'écran du tableau amer pour mes élèves qui trouvent tellement étrange d'être enfermés. Laissant dehors le bleu, le vert, de mer et nature aimées, j'estime cette dissidence comme un poids, lourd. Le fait d'avoir ce que l'on aime à portée de soi sans pouvoir profiter du thème est un mal en soi. Malgré la scène professorale, je deviens comme eux, jour après jour, envieux de plonger mes yeux dans ce bain. Je juge, je jauge ce panorama et m'aveugle de cette éminence. Je ne suis finalement, depuis cette hauteur, qu'un géant de chiffon.

Quelques minutes plus tard, depuis ce promontoire des Quartiers nord, les bateaux ont disparu, on distingue des centaines de lumières qui scintillent et vacillent.

Les jeunes m'appellent « Monsieur ». Fini les « Serveur ! », « Hep ! », « Service ! » et autres termes deshumanisants. Pourtant, je suis toujours le même loufiat, serviteur au service des futurs serveurs, cette fois. Je tente de déjouer cette double personnalité et de jouer avec ce double-jeu. Fier et timide à la fois, démonstratif et réservé, prétentieux et frustré de n'être qu'un serveur, mon esprit chancelle entre trois pas en avant et deux pas en arrière sur le champ de ma personnalité et de mon statut social. Une double peine qu'il faut arriver à canaliser.

Mes paroles auprès des jeunes, mes gestes transmis, renferment une vérité qu'ils peuvent continuer d'ignorer, et un contenu que je transmets d'aveugle à aveugles. Ce savoir jour après jour est avalé, en partie assimilé à leur insu, avec en ordres symboliques des verbes directeurs : appréhender les savoir-faire. L'animosité dans le regard de certains apprentis souligne au combien le collège est passé par là avec son cadre administratif incompatible aux besoins d'un adolescent en construction. La haine du prof pour certains et l'épuisement de l'alternance en restaurant pour d'autres. Le regard hagard en cours. Mehdi, démotivé, un jeune apprenti serveur, tente de me décrire son projet de carrière. Plutôt perdu, dans le vague. Un peu plus loin dans les vagues, il est en train de se noyer. Il divague pour penser, il pense aux vagues derrière la vitre. Il m'offre une dizaine de pensées plutôt vagues, des pensées qui divaguent. Sans penser à ses pensées, il se laisse aller, il se laisse dévaler.

Reprendre mon rôle. Tenter de chasser l'ignorance, le découragement, le dégoût, tapis à l'autre bout du chemin. A quoi sert une œuvre d'art ? A son artiste, son commissaire-priseur, son expert ou son observateur ? Il en va de même pour la restauration. Son atmosphère et ses plaisirs doivent autant profiter aux clients qu'aux personnels de service. Le plaisir s'apprend par les sens. L'orthodoxie du métier s'apprend par les conventions et autres protocoles. Apprendre à comprendre ce qui est bon pour s'initier, pour déchiffrer, pour prétendre à le contredire plus tard et s'émanciper.

A Marseille, le mistral rythme les tempéraments. Quand il se fait fort, je commande des pâtes à l'encre de seiche à la Taverne du Corse. Quand il est respectueux de l'humain, j'avale rapidement une fougasse achetée à la boulangerie du cours Julien. Mon baladeur-cd sur les oreilles, je pars profiter de la houle et des embruns qui m'atteignent le visage en filant en direction de Frioul, une ile vierge en face de la Cité phocéenne. Agrippé au bastingage, comme Ben-Hur à son char, mon corps suit le mouvement de l'embarcation. Je suis seul sur le pont comme une figure de proue. La fougasse finit dans la gueule des poissons de roche si chers à la bouillabaisse. Sur l'île, le chemin se veut vertical. Sac léger au dos, le corps collé à la paroi, les doigts crispés en forme de crochets, je tente de gravir les falaises qui surplombent la Méditerranée. Loin d'être celles d'Étretat, elles paraissent tout de même insurmontables. A mi-chemin, un gros morceau de calcaire se décroche sous ma main et me renvoie en arrière. Arrivé sous l'eau de tout mon poids, le rocher amerrit à son tour sur mon épaule. Qu'à cela ne tienne, je regagne la plage et envisage de trouver une autre verticale pour mon challenge. Plus j'avance sur l'ile, plus celle-ci devient déserte. Je traverse finalement une zone inopinée où plusieurs hommes bronzent en toute quiétude, nus. Une fois trouvé l'emplacement isolé adéquat, je me lance à nouveau à l'assaut d'une façade. Heureux comme un pape, je me hisse et atteins le sommet. Sur cette corniche de passion, le vent souffle sans raison. Je regarde l'horizon. Mon torse se bombe. J'ai envie d'être moins naïf, de colorer le pâle de ma vie, qu'elle soit oisive et idéale. Envie d'une sérénité à toute épreuve. Prêt à me lancer dans un gouffre d'activités. Prêt pour le Saut de l'ange du haut de ce promontoire. J'éprouve alors l'envie de chanter, fier d'avoir gagné mon perchoir, face à la Méditerranée. Chanter pour me galvaniser. Chanter pour se souvenir de l'enfant que j'étais et qui rêvait d'être un jour Claude François. Chanter pour l'enfant qui se donnait du courage, pour l'enfant qui parfois pleure encore en moi. Peu à peu, le chant se transforme, la voix se modifie, monte dans les aigus. Là, réveillée par mes vociférations, une nuée de mouettes m'attaque pour défendre leurs nids, certainement situés là en zone protégée. Je saute à l'eau pour éviter les coups de becs. Rien ne change, mes aspirations sont toujours stoppées. Mes besoins de réussir sont ruinés et mes potentielles réussites sont galvaudées.

L'évènement me contrarie. De retour à Marseille, je veux penser à autre chose, à quelque chose d'agréable. Penser ou me souvenir, pour profiter d'un espace-temps créatif ou nostalgique. Mais cette fourmilière humaine m'assaille, se frotte à moi, monte le long de mes jambes ; alors que je n'en suis qu'un spectateur. Les odeurs du quartier Noailles envahissent mes sens, ma sensibilité. Les bruits du cours Estienne d'Orves résonnent tout autour de moi. Les lumières de la Canebière m'éblouissent. Ces sensations me provoquent un malaise indicible. Impossible de dissocier mon esprit de cet environnement incontrôlable et excentrique, qui parle fort, qui bouge inlassablement, qui me bouscule, qui prend de la place et qui me fait réfléchir à l'éventuel besoin d'un état encore pour moi inexploré : la méditation, l'intériorisation, l'introspection. Comment rester hermétique aux railleries et crissements du monde extérieur, sans faire appel aux méthodes bouddhistes ou transcendantales qui me paraissent tellement ridicules ? Une amie les pratique, mais cela ne me convient pas. Une fois encore, je ne trouve pas l'équilibre mais j'avance. Pleine lune dans une nuit pleinement vide. Seul, je respire les odeurs des rues, j'écrase le pavé de la corniche de Passédat, puis le sable de la plage, avec rien d'autre que les peurs d'agressions pour me faire réagir. De ville en ville, instable, je suis insulaire. Sous un ciel vide, je vis intemporel, en instance. Ma vie ressemble à une île, isolée.

Motivé et regonflé à bloc, je rentre et sur mon bureau je m'abandonne avec des mots qui m'affolent. Ecrire me donne tout à coup l'envie de vivre, de rêver de vivre nu d'esprit et sans réfléchir, sans obéir aux règles. Je me jetterais bien à l'eau. Pour choisir une nouvelle vie, certains jettent l'ancre à la mer. Moi je jette l'encre sur des mots, pour tenter de retomber les pieds sur terre. Bien décidé, je jette mon dévolu sur mes idées absolues d'utopie optimiste. Ma raison était résolument de réussir à changer de piste. Que l'enfant perde ses idées noires, se responsabilise. Aussi si je devenais père, c'est l'enfant en moi qui agoniserait. Par cet esprit de liberté, mes idées prennent bien trop le large et débordent dans la marge. Car pour être père, me concernant, il faut une mère. Pour une part d'évasion supplémentaire, je finis par aller me saouler comme un barje et croise La Rochefoucauld sur la contre-étiquette d'une satanée bouteille qui me rappellent que «Les vices rentrent dans les vertus comme le poison dans les remèdes». Comment remédier à ce poison, à ce vice que mes soirées de célibataire m'apportent.

Voilà pourtant tant d'années que l'on vit ensemble, elle et moi. Elle m'a vu grandir, mûrir, essuyer mes larmes, mes joies, écorcher mes genoux, me faire des peurs, prendre des risques, fendre l'écume, brûler du bitume, caresser le vent, croiser et sécher des yeux, user du papier et des stylos, frôler des corps en sommeil, regarder l'horizon, rêver de tout et de rien, disparaitre et renaître, imaginer des passions, des drames, des élucubrations, halluciner de la vérité ou de la fausse non-naturelle, vider des bouteilles, essuyer des verres, faire mes courses, graver des arbres, chanter sous des fenêtres, traîner les rues, rentrer dans l'ombre, dans le sombre, compter mes deniers, être narcissique ou sentimental, analyser mes peines, mon orgueil, ma folie, remplir ou non mes silences, le calme, et la rage de ma cage. La première fois que je l'ai rencontré, j'étais minot dans ma chambre ou dans mon berceau. Cette mystérieuse délicate et fidèle me quitte pas. Aura au regard noir, fille de ma conscience, et mère de liberté, toi ma solitude.

La vitalité des jeunes qui m'entourent dans la classe soigne ma vieillesse prématurée. Chaque nouveau service au restaurant d'application est une action de grâce offerte sans condition. Mais serait-ce pour la perpétuité ? La lecture gastronomique que je dispense a-t-elle un sens durable ? Mènera-t-elle mes étudiants à des vies sensées, avec du sens directionnel, du sens commun, ou à des générations perdues ? J'espère toujours être utile pour accompagner des projets de vie, des désirs de réussites. J'espère faire sortir certains de leurs ghettos, de leurs cités, transcender ces formations professionnelles en résurrection. Mais je doute chaque jour. Je leur dis qu'on part tous avec le même bagage et que seul le courage mène la barque. Mais je commence à douter de mes propos. Ne rien laisser transparaitre ! Montrer de l'assurance ! Éviter la rébellion ! Penser à prendre du plaisir. Profiter des miettes des petits bonheurs du quotidien. Certains appellent ce métier d'enseignant « sacerdoce », d'autres « sacrifice ». Comment font les autres « maitres » sur l'estrade ? Une jeune anglaise venue transmettre la langue de Shakespeare aux adeptes de NTM et IAM, toque à ma salle de classe, en pleurs, dévastée, désabusée. Elle quitte son poste, immédiatement, sur l'instant, laissant derrière elle sa classe en plein tumulte. Elle passe le portail du Centre de formation d'apprentis et disparait sur un coup de tête. Je tente de maitriser les deux classes en même temps. Je comprends cette jeune femme. Le choc des cultures est aussi violent que le conflit générationnel. Pour ma part, j'en ai marre de subir un racisme régional, diffusé par mes élèves et mes collègues. Je n'y suis pour rien si l'A.J.A. a battu l'O.M. Je hais le foot !

Dans une nuit vide, les détours des rues ressemblent aux carrefours en forêts où les brigands attaquent les convois et détroussent les gentilshommes. On tente de m'agresser au sortir du métro de la Cannebière. Je cours pour échapper à cette racaille. Me réfugie dans le quartier de la gare Saint-Charles. Là, dans le caniveau git un junkie imbibé, vivant dans l'abîme de ses addictions. Son bandana est abîmé, torsadé, pour servir de garrot. Il embaume l'odeur d'un dealer qu'il doit certainement aduler. Un dealer leader. Déchéance de son champ de vision issue des champs de pavots. Enfariné de cocaïne raffinée, le jeune a le visage recouvert d'hémoglobine coagulé. Se battre jusqu'au sang pour gagner ce qui donne du plaisir. L'image de mes tords a beau gésir devant moi, à trois pas, dans ce caniveau où s'écoule un ruisseau rouge et blanc, je voudrais faire en sorte que mes mots soient plus vifs que son sang. Dans les journaux, le procès du « sang contaminé » fait couler l'encre. Dans un souffle imperceptible, ce jeune usé me dit : « Être visible, invisible ou disparaitre ? Toi tu le sais. »

VERSAILLES

Clamecy, Saint-Père, Vézelay, Besançon, Boismorand, Tonnerre, Chagny, Paris, Marseille...Versailles. J'arrive à saturation des variances d'une vie réussie. J'effectue mon quatorzième déménagement, en comptant les intra-urbains, sur dix années. Cet appartement a des cloisons aussi fines que du papier sulfurisé. La fenêtre donne sur un carrefour de Buc, dans les hauteurs de Versailles. A chaque fois que quelqu'un passe dans le couloir, j'ai l'impression qu'il traverse ma chambre. Je ne fais aucun bruit pour mieux entendre ce qu'il se passe autour. Je m'aventure dans les sous-sols pour aller déposer mon vélo dans la cave annexée à mon logement. Je découvre un cadenas sur ma porte. A travers les lames à claire-voie, je vois que quelqu'un occupe déjà les lieux. Il a aménagé la cave comme un appartement. L'homme arrive justement. Il m'explique qu'ils sont trois autres locataires à payer un loyer pour habiter dans les bas-fonds de l'immeuble.

Dans l'institut de rééducation médico-psychologique qui m'a embauché, les jeunes apprenantes, à la situation sociale en berne, en échec scolaire, aux poignets scarifiés, isolées, me disent chaque jour, durant nos services au restaurant d'initiation, avec l'aisance naturelle qu'elles détiennent pour s'adresser aux adultes, qu'elles n'aiment pas la vie et qu'elles préfèrent le Nutella. Elles sont placées là, en grande partie, adressées par des juges pour enfants et hôpitaux de jour. Je croise l'une d'entre-elles dans la cuisine. Elle se cogne volontairement la tête contre le carrelage blanc. Son front est en sang. Je la stoppe. Elle me dit s'infliger cela parce qu'elle n'a plus de clope. Elles ont été flouées par leurs géniteurs, par la vie. Les mots de ces jeunes filles comme leurs sourires sont trop légers, trop naïfs, trop beaux. Ils cachent l'angoisse de grandir et de changer leurs visions de la réalité. En voyant ces adolescentes, j'analyse les refus de mon passé qui furent émis par peur d'essayer. Ne jamais dire « non » pour ne pas vivre en dehors de la société. Je laisse mon destin suivre son chemin sans ne rien y changer d'important. Comme elles, je vis chaque jour quelque chose de simple, de présent, de pressé. Je tente d'arrêter les pauses qui me faisaient sans cesse penser au passé. J'essaye de croire. Je tente de voir. Je tente de vivre et de ne jamais tenter le pire. Flottent autour de moi des envies de vivre une autre vie, de goûter à l'infini, de faire le vide dans les soucis. A les voir, il existe de la grâce dans la folie, quand on a la tête pleine de bruits. A mon tour, ma tête résonne et perd de sa raison. Comme un lion en cage, je veux être utile. Aller voir plus loin, ailleurs, les autres choses de la vie. Là où il faut que j'aille. Là où la vie m'attend.

Une simple expérience professionnelle, un simple détour par Paris, peut marquer profondément un homme. Que dois-je penser de l'effet qu'ont sur moi mes expériences les plus essentielles comme celle de manger ou de travailler, de travailler pour manger ou de manger pour travailler ? Manger me semble naturel, mais me voici propulser auditeur de restaurants. Analyseur de l'assiette et de son environnement. Le guide Michelin vient de me proposer un poste d'inspecteur, l'Education nationale me propose un poste de prof, et ma compagne me propose de faire des enfants. Elle ressemble à Colombine. Nous défions ensemble, modestement, les cimes des textes de Feydeau et Molière, sur les planches d'une troupe d'amateurs, les jours de relâche. Du plateau de serveur, rond et à bout de bras, au plateau traversé du côté cour au côté jardin, je deviens un « jeune premier ».

Aidés par l'angoisse des vacances qui séparent, avec Colombine, nous avons cédé au risque d'habiter ensemble. Notre petit appart, tout en haut d'un vieil immeuble, est à l'image d'un colombier. Loin des appeaux de la ville, on vit en murmure. On regarde la vie depuis de toutes petites fenêtres, sous les toits. On ne se soucie pas du monde autour, ou s'il tourne bien rond en ce moment. J'ai peur que ma plume meure à travers le temps, que mes envies s'estompent. Toujours rêvé d'être inspecteur au Michelin. Toujours rêvé d'être père. Mais pas possible de créer une famille en étant dix mois sur la route. Alors le choix se tourne vers l'enseignement.

« Produire et servir » sont les verbes directeurs et devise de ma carrière multiple. Compte-tenu de l'éventualité d'inspecter non retenue, la vie me soumet de devenir « client mystère » occasionnel. Une agence d'audit me propose quelques missions les week-ends. Ma colombe m'épaule. Nous découvrons l'auscultation détaillée, la prise de note des résilles de paroles, l'exigence illimitée, la recherche de sincérité, le rite en définitive plus que l'excellence. Une nouvelle direction. Un nouveau chemin. Je deviens doublement civilisé : d'abord en m'incluant aux normes sociétales du savoir cuisiner et du savoir servir des savoir-être, et maintenant du savoir-manger et du savoir-boire. Mais cela ne va pas de soi. Il me faut m'abreuver de méthodes, mettre de la technicité au service de la qualité du service. Je cumule les activités, les extras, les expériences. Mon cv est un patchwork, un arlequin de colorations de vie.

Avec complémentarité, similitude et singularité, l'être qui vient partager ma vie, partage a fortiori chaque jour ma vie de table. Je lui dois des découvertes alimentaires, des obligations de nouveaux rituels, et des disparitions d'habitudes d'achat. Concessions de vie à deux. Travers du quotidien versus travers de porcs caramélisés. Petits rites de repas et autres manies d'ex-mangeur solitaire. Colombine me freine, endigue, accentue, mes exagérations comme mes tabous alimentaires. Je tente de lui faire passer mes sensibilités gustatives, et vice versa.

Devenus partenaires de nos habitudes, nos besoins, nos plaisirs, similaires et complémentaires, notre vie de table peut maintenant parcourir le chemin et effacer les distances. Observer ce qu'elle aime ou n'aime pas préparer, se préparer, me préparer. Ecouter les termes qu'elle utilise pour parler de cuisine, ce qui la rebute dans mon assiette comme dans mes mœurs de table. Sélectionner avec elle les restaurants, le tourisme gastronomique. Autant d'éléments significatifs qui émergent dans notre couple, autant de devoirs, d'acceptations et de résolutions, d'intégration et d'assimilation. Qui de nous deux assimile l'autre ? Tout ce que nous absorbons, toutes ces molécules, qui font grandir nos corps et nos esprits, ne sont plus dorénavant de notre unique et propre chef. Colombine, pour moitié, choisit ce que j'incorpore. La vie est quelquefois si rapide dans ces changements et aléas que nous ne prenons pas le temps de faire le deuil de nos habitudes personnelles à refouler pour l'autre. Accepter l'abandon de l'autre moitié de soi-même, mise au rebut. Moitié refoulée qui risque de renaître un jour ou un autre, faute de n'avoir fait cet adieu avec tout le poids émotionnel qui lui convient. L'adieu à ma moitié de personnalité est fait de manière empirique. La création du couple ne permet pas d'aborder un sens critique des habitudes alimentaires de l'autre, et oblige aux concessions. Je suis et reste toujours une « food victim », que ce soit dans les linéaires, à la maison ou à la cantine.

Il y a là dans le quartier de Porchefontaine, notre logis, un simple nid. Chaque week-end, devant notre piano primo accédant, nous officions tous deux. Attenante à la cuisine ouverte, se trouve la table toute aussi ouverte. Nos invités sont nombreux et variés. Échanges de banalités et de projets de vies. Et quand la discussion s'engage sur le vaste sujet de l'œnologie alors mon esprit s'éveille. La discussion enjouée et animée me garde finalement éloigné de mon verre. Dans ma cave, le long de trois murs, se dressent des casiers, dans lesquelles reposent mes vénérables bouteilles, parmi celles des plus recherchées.

L'Education nationale m'ouvre ses portes pour exercer l'art d'enseigner les crus des vins et les spécialités gastronomiques. Dans les règles de l'art didactique, j'use de diligence pour donner mon savoir. Mon premier enfant arrive dans mon paysage. Mon œnophilie s'évapore aux enchères d'une salle des ventes, pour laisser place aux biberons puis litres de grenadine nécessaires au foyer.

Rue Médéric, Paris. Salle de restaurant d'initiation ressemblant à celle du paquebot France. Vieille école hôtelière française, renommée. Je dirige le service de mes élèves par de simples coups d'œil et gestes discrets. Hors de question de distribuer les ordres à haute voix, pour ne pas manquer de respect à l'ambiance religieuse, cathédrale. Coup d'œil vif, sagace. Regard jeté sur un élève avant qu'il soit jugé digne d'opérer au flambage d'une crêpe devant les clients ébahis. J'enseigne deux attitudes : politesse et snobisme. Ce dernier s'inscrit malheureusement dans la définition de la haute gastronomie. Plaisir de transmettre puis de regarder comment évoluent « mes » élèves. Plaisir aussi riche que celui de découvrir la gastronomie. Un fossé sépare la théorie de la pratique dans cet enseignement. Connaissances valables en théorie, impraticables en milieu professionnel. Techniques applicables en pratique, inexplicables en théorie. Fossé entre l'action et la réalité, entre une théorie généraliste et une action particulière. L'expérimentation reste la solution intermédiaire. Mais pour expérimenter, il faut analyser, argumenter, dialoguer. Dialogue impossible entre l'hypothèse et les faits, entre l'enseignant et l'apprenant, entre une lecture d'hier et une perspective de demain. Empirisme pédagogique. Nécessité didactique.

Je tente de prendre fait et cause pour cette jeune gamine que d'autres nomment « écorchée vive ». Une étudiante insultante, sans foi ni loi, rebiffe contre l'enseignant, contre la hiérarchie, contre la société. Cas de conscience. Là, dans ce conseil de discipline, cette place publique qui ne souhaite qu'une chose : la mettre à la porte, autant dire à la rue. Oui, elle a contredit, menti, insulté, craché. Oui, elle est régulièrement absente. Oui elle contredit les normes professionnelles que d'autres vouent comme un culte. Pour sa défense, je me lance dans un discours apologétique, qui n'a pas plus de rationalité que les dires de mes contradicteurs. Ma plaidoirie est atomisée. Qui parmi eux peut comprendre ?

Je ferme la porte de ma cave et me lance dans la lecture. L'esprit et la mémoire se souviendront. Un plus pour mon expérience de vie. L'écriture nait. Ecrire des livres pour donner naissance à ce qui n'existe pas. Mode de liberté. Une première maison d'édition m'ouvre ses portes pour pondre un opus gastronomique. Je découvre le plaisir de voir s'accélérer mes doigts sur le clavier, à la lumière bleue de l'écran qui aura raison de ma vue. De mes yeux, j'use cet ustensile que je découvre au fil des mises à jour de Windows. Petits quiz sur le vin, traité des crus, anthologie de poésies vineuses, ... Entre la correction de deux copies de mes étudiants, le nombre de signes s'accumulent comme les lignes sur Word. J'ai échangé un énorme piano sans touche, chaud et fumant, où chaque mot illustrait une sensation, contre un clavier sans piano, froid comme le marbre de pâtisserie, qui donne du sens à chaque mot.

Restaurant d'application. Obliger des jeunes à acquérir le sens de l'accueil et de la civilité qui donne à la prestation culinaire un goût de reviens-y. Leur faire admettre la nécessité du raffinement et du luxe pour offrir aux clients une parenthèse enchantée dans leur existence. Je tente de les convertir aux préceptes du service, pour espérer qu'ils trouvent admirable la mise en scène du ballet de serveurs, plateau à la main. Expression d'une profession policée, juste le temps d'un repas. Cette formation professionnelle leur fait tout avaler : des savoirs allégés et sans sucre ajouté, des carrières fades, des livres imbuvables. Pourtant la gastronomie est bien le domaine où s'exercent le verbe, le sens critique et la sociabilité. Ces jeunes urbains formés initialement aux goûts du hamburger, du kebab et de la pizza, doivent réapprendre des odeurs et des saveurs. Une réadaptation à la vie. À une forme de vie. Première émotion olfactive pour certains, absence d'éveil aux sens pour d'autres. Condensation sémantique et sémiotique de ma part. Je leur soumets des images construites de l'aliment, dans un univers figuratif, sans qu'ils ne profitent de l'incorporation. Leur curiosité précède mon inquiétude. Peut-on manger un Epoisses qui sent si fort ? Peut-on manger un camembert recouvert de moisissures ? Peut-on manger un produit fermenté, ou une viande rassie ? Peut-on manger un végétal amer ? Les élèves s'insurgent. Ils veulent découvrir tout en restant dans leur lecture de normes. Paradoxe de l'omnivore, contradictions du goûteur. Le restaurant d'application retransmet une forme mystique et performative de la restauration. Pour un projet de vie professionnel en interaction avec le produit, je tente de créer chez eux une conjonction entre sensibilité alimentaire et sensibilité sociale. Par des références professionnelles, par des noms de grands restaurants, de grands chefs ou de grands vins, j'explique la construction du mythe gastronomique, celle d'une simple perception fondée sur le plaisir et la sapidité. Je tente de transmettre le goût de travailler - garantie de survie - et le goût des produits avec une adaptation à l'environnement, dans le souci de satisfaire la fonction homéostatique source d'équilibre et de bien-être. Le goût leur apparaît alors comme une compétence, comme une construction identitaire, comme une fonction de hiérarchisation sociale. Lors de nos échanges, leurs expressions sont des codes : ton, mimique, rictus facial, gestuel, utilisation de l'espace comme du temps. Leurs rituels narratifs pour exprimer leur sensibilité sont des affirmations des privilèges de la jeunesse. Ils mettent des « yo » à chaque début de phrase, et parlent dans le tempo du rap.

Je tente de faire surgir, du bloc de marbre brut qu'est l'adolescence, des esthètes de la gastronomie, alors que j'adorerais voir apparaitre des anarchistes de cette filière, pour que cette transformation soit motrice. Leur faire réfuter les théories, les coutumes, les préjugés. Je joue ce rôle de cause efficiente. Je dénonce les formateurs qui ne font que de « remplir le crâne » des jeunes en leur diffusant toutes sortes de savoirs ou savoir-faire qui ne les aideront pas à se construire individuellement, à savoir juger, discerner, tolérer, respecter.

A la fin d'un cours, une élève me laisse un mot sur mon bureau et part en courant.

TOURAINE

Mon second fils arrive. Tous ces chemins tracés leurs seront-ils utiles ? Trouveront-ils leur voie du bonheur ? Je parie sur le futur. Mes enfants seront-ils les réparateurs de ma propre histoire, ou en seront-ils les séparateurs ? Découvriront-ils autant de stratifications de vie que moi ? Le même millefeuille ? Ils seront Einstein et Mozart à la fois. L'avenir, ce sera eux. Mon avenir sera pour eux, quels que soient leurs caractères, leurs sensibilités, leurs aspirations, leurs rêves, leurs forces et leurs faiblesses. Même si leur idéal est inaccessible. Dois-je les éduquer ou les séduire ? Les enfants en bas âge se moquent totalement des vêtements de marque, des AOC ou du Label rouge, des symboliques du prestige de leur verre en Baccarat, ou de l'état de mon compte en banque. Un morceau de bois flotté, ramassé au bord de la Loire, un joli caillou ou une carotte avec une forme bizarre, font leur plaisir. Les enfants en bas âge se fichent que le petit garçon, avec qui ils jouent à la plage et partagent le goûter, soit issu d'une famille riche ou pauvre, artificiellement belle ou laide, subjectivement intellectuelle ou sotte, de culture différente ou de parents homo. Je donne de l'amour à mes fils et ils m'en rendent immédiatement, sans le garder pour eux. À quel âge ces sentiments cessent-ils exactement ? Mes garçons réussissent à me donner l'impression que je suis unique au monde. Tout ce que je fais leur parait original. Tout ce que je leur fais découvrir est formidable. Pourtant chaque jour les médias me glissent à l'oreille que je fais des erreurs, que je suis fautif, que je suis coupable de ne pas bien manger, coupable de manger avec de mauvaises manières, coupable de ne pas suffisamment maitriser mon poids, coupable de manger trop gras et trop sucré, coupable de trop manger, coupable de surconsommer, coupable de manger des produits industriels, coupable de ne pas consommer responsable, coupable de polluer, coupable de ne pas consommer durable, coupable de ne pas consommer bio, coupable d'abimer la planète, coupable de ne pas consommer équitable, coupable de ne pas penser assez aux autres, coupable de ne pas écouter mon corps, coupable de gaspiller, coupable d'utiliser des emballages, coupable de manger de la viande, coupable de trop manger de viande, coupable de boire de l'alcool, coupable d'épuiser les ressources maritimes, coupable de participer au développement de la mondialisation, coupable de ne pas assez consommer local, coupable de ne pas dépenser assez pour participer au besoins de fonctionnement de l'état, coupable de l'effet de serre, coupable de l'effet papillon, coupable de participer à cette évolution alimentaire moderniste qui fait disparaitre les traditions culinaires et les rites alimentaires. En bref, coupable de me nourrir et de vivre dans une société qui évolue.

Colombine m'offre les Converse All Star dont je rêvais quand j'étais ado, certainement élaborées par des mains chinoises. En Asie du Sud-Est, un tsunami ravage les villages. Les gens là-bas meurent de faim et d'absence d'eau potable, et moi je me plains de la corvée des courses. Un caddie devant moi, le porte-bébé bien rempli, je suis dans la jungle des rayons de supermarchés, à la recherche du lait en poudre au meilleur rapport qualité-prix. La société de consommation régule et diffuse des informations, des affirmations, des injonctions, tout autour de moi. Une société aux vertus limitées, à l'économie des « trois A » du mousquetaire Athos : Argent, Arme, Alcool. Dictature des marchés, du nutritionniste, des labels, des incitations, des prescriptions, des légiférassions. Consommation de masse, mondialisation, globalisation, en tension avec la « rerégionalisation » teintée de nationalisme. La société est dans la rue, elle prône le rejet, le renvoi, le reflux, l'écœurement, la révulsion. J'ai mal à la tête comme au ventre. Qu'est-ce qui se trame dedans ? Tellement intense j'ai la tête qui tourne, et je finis une fois encore par vomir. La tête dans les chiottes.

Regarder mes fils, depuis la fenêtre, descendre seuls la rue pour aller chercher le pain à la boulangerie d'en bas. C'est la première fois qu'ils partent seuls de la maison. Cette vadrouille dure 4 minutes chrono. Me cacher derrière le rideau pour ne pas qu'ils me voient les observer. Déguster cet instant éphémère de découverte de l'autonomie naissante.

Sur le lit d'adieu à ma mère, un seul mot sort de ma bouche, sans larme, sans que je ne le maitrise : « Merci ». Pourquoi ce mot, plutôt qu'un autre ? Ce mot est erroné, inexact, incorrect, inopportun, impropre, inadéquat, incongru, infidèle, illégitime, défectueux, discordant, altéré, abusif, bancal. Elle me répond, dans un dernier souffle « Tu parles ! ». Une forme d'excuse peut-être ? Je rentre à la maison, mes fils m'attendent dans leurs chambres, où l'on peut retrouver mes anciennes affiches de Beatles et de Rocky, comme mon casier à trésors. Pour l'un les fils d'un MP3, pour l'autre d'un IPod, pendent des oreilles de cette génération Y.

La quarantaine. L'usage du lait a raison de moi. Représentant la pureté, le puritanisme, le purificateur et le nourricier, le lait vient pourtant jouer avec mon estomac. La confiance aveugle dans les vertus de sa couleur et de ses origines ont fait de moi un consommateur par automatisme. Les qualités du lait sont plus mystiques qu'attestées. Liquide onctueux, je m'imprègne de ses propriétés, me gonfle de son gras, comme un véritable allaitement. Que suis-je en train de rechercher ? De remplacer ? De compenser ? Comme un pain perdu, raté à la cuisson, délaissé et rassis, inutilisable, je reprends vie une fois gonflé de ce lait ; je deviens régénéré et engraissé. Mais l'allergie guette, l'abondance se transforme en excès de rondeurs. Représentation ambigüe de mon état de santé. Cette céphalée, force maléfique ou bénéfique, aura cette fois encore raison de moi. Epreuves avec, au bout, des critiques portées par les miens sur mon régime alimentaire. Je trouve l'imaginaire des médecins doué d'une nature ambivalente, quand ils ne connaissent pas les réelles raisons. Mais j'ai bel et bien mal. Tête en souffrance et régénération dolipranienne avec risque de dégénérescence neuronale. Pureté et impureté des molécules sont mises à l'épreuve... Manichéisme des conseils. Ma fascination d'une potentielle solution se mêle à la crainte de la chimie. Défiance envers la médecine et les laboratoires dealers. Symptômes orbito-temporals. Tout résonne dans ma tête. Elle est lourde. Je cherche la vérité, une vérité. Pourquoi j'ai mal ? Pourquoi je suis là ? « Pourquoi je vis » chante Gregory Lemarchal, dans son dernier souffle. Faire de mon présent, une justification. Zéro regret et à la fois beaucoup de nostalgie. Une question se pose : dois-je regarder ma vie comme un chapelet d'ingrédients ou comme une recette accomplie dans sa globalité ? Si « accomplie », alors « terminée » ? Puis-je encore la peaufiner, lui ajouter quelques décorations, une garniture d'accompagnement, un filet de sauce, une cerise, pour tenter de la sublimer ? À moins qu'elle ne soit encore que le produit principal, la matière première, à l'état brut. Dois-je être épicurien passionné ou vigilent de chaque instant ? Ici et maintenant, je goûte et me rassasie. Je goûte l'air, l'adrénaline, la sérotonine et l'évolution des besoins de mon corps. Je choisie pour mon esprit de nouveaux plaisirs du quotidien.

Les palaces, leurs paillettes et leurs étoiles culinaires, ne me font plus rêver. Agir reste le moteur. Agir par projets. Agir pour rencontrer. Agir pour construire. Agir pour découvrir. Tout en profitant de chacun de ces petits moments. Peu à peu, miette à miette, goutte à goutte et cœur à cœur, comme dit Zaz. Un verre d'eau en regardant le ciel depuis la fenêtre de la cuisine. Le repas quotidien avec les miens. Repas de famille avec nos enfants. Des instants simples qui créent à eux seuls le souvenir, l'émotion, le plaisir, le bon côté des choses : les belles choses. Ces instants présents que l'on croit éternels sont furtifs et limités. Les enfants grandissent vite. Mes paroles n'ont plus la même valeur à leurs yeux. Ils ont plus de raison que moi d'avoir raison. Bientôt le plus grand part diner avec ses amis, et le second suivra. Un nouveau tête à tête s'installera.

Repas festif, familial. Je suis troublé par notre société de consommation. Je me fais souvent une représentation plus idéaliste de ces lieux et causes de plaisirs. Je pensais que diner tous ensemble, se réunir, ou acheter du foie gras à Noël, était une manière d'échapper à la dictature du business du goût. D'échapper à l'obligation de toujours vouloir jouir de tout. Mais cette assignation à se goinfrer s'est aujourd'hui transformée en une véritable aliénation à l'alimentation. Où nous conduit cette recherche du plaisir perpétuel ? La fête païenne de Noël prend plus de place que la naissance du Christ. Moi, comme le reste de la société, ne suis plus les diktats des rites ecclésiastiques. Préfère gober de fines escalopes de noix de Saint-Jacques crues plutôt que des hosties.

Chacun se cherche, cherche son propre dieu, son chemin, sa vérité. L'écart entre un idéal du bien-déguster, du bien boire, et une zone de contrôle, est une forme de vérité personnelle qui reste à définir. Complexe de culpabilité. Emploi constant de la formule « il faudrait ». Sentiment fréquent d'un trop ou d'un malboire. Il faudrait que je boive encore moins que le peu que j'ingurgite, que je mange moins d'aliments salés, sucrés, gras, voire acides pour préserver mon émail dentaire et mon bol digestif. Ces yakafocon répétés sont une sorte de mauvaise conscience alimentaire, un sentiment de transgression des interdits, d'impuissance face à ces saveurs de culpabilité qu'il faudrait éviter, et d'anxiété sur mon état de santé psychologique et physiologique à venir. Je vis cette mauvaise conscience avec des degrés d'intensité divers qui parcourent toutes les graduations, toutes les granularités de mon esprit, entre trois polarités : humour et décontraction, angoisse et désenchantement, raison et raisonnement.

Viens le temps de devoir choisir un camp, moi qui n'aime la politique que pour sa diversité d'expressions. Cheminement d'un intérêt. Idéal à atteindre. L'idéologie commence à poindre son nez, comme pour remplacer les vertus de la réflexion ontologique. Quand le doute philosophique disparait derrière l'assurance de l'idéologie. Un ami me propose de participer à des réunions avec un candidat aux présidentielles. Trente personnes autour de la table, l'homme d'honneur, ancien ministre, donne la parole à chacun d'entre nous en nous demandant de présenter un projet national autour de l'alimentation.

Banalités, interprétations, procès sociétaux, humeurs démissionnaires, visions irrésolues, quelques statistiques actualisées, ... Les profils sont variés et les prétendants plus-disant y vont de bon train. Quelques bouteilles de vin trônent sur la table de réunion. Rapidement, celle en face du commanditaire se vide. Je cherche de l'eau, en vain. Mon tour vient. Je parle de la nécessité d'éduquer l'alimentation à l'école, non pas le goût mais la connaissance des produits. Je sais pertinemment, qu'une fois de plus, j'offre mes idées pour qu'autrui puisse s'en emparer. Tant pis ! Le tour de table agroalimentaire se termine, après avoir évoqué l'économie, la ruralité, l'écologie. J.B., bonhomme pas désagréable qui préside l'assemblée, indique qu'une dizaine d'entre nous doivent revenir la semaine suivante avec une nouvelle idée. Je fais partie des sélectionnés. Cet écrémage durera trois séquences. In fine, trois personnes sont chargées de dessiner le programme du futur Ministère de l'agriculture et de l'alimentation : une conseillère municipale future élue régionale, un maire d'un village rural futur président d'un conseil départemental, et moi qui n'a rien à voir avec ce monde, ni présent, ni futur. Deux jours passent, j'entends à la radio que J.B. se retire de la campagne présidentielle. Plus de contact radio. Manquement ressenti comme une trahison. Manque de sincérité, de courage, ou de capacité stratégique ? Sentiment d'infidélité, de vide. Besoin d'ouverture de tout sujet, délivré de tout contenu. Une députée européenne me propose alors de la conseiller et l'accompagner à ses rendez-vous auprès des professionnels de ma filière. Sorte de fonction chevaleresque. Les expériences se succèdent. Je cherche ma place dans ce monde de communicants. J'évite de paraitre sur les photos officielles ou documents en ligne, afin de ne jamais regretter d'avoir associé mon nom avec les actes d'une personne dont je ne connais qu'une facette.

Aujourd'hui il faut je parle. Ma journée est détournée par la tristesse. La nostalgie revient. L'apprenti que j'étais, vivait dans un monde fait d'énergie et d'une harmonie à nulle autre pareille, celle où sonnait à mes oreilles les mots de mon premier maître à penser, père professionnel. Celui qui m'a fait découvrir l'histoire de la cuisine, l'histoire gastronomique dans ses grimoires, la vitalité d'un service, le caractère des hommes de la restauration, l'amour et la valorisation du terroir, la vie d'une grande famille corporative. Mais aujourd'hui ce maitre s'en va, le piano de l'Espérance va encore rester éteint, les anciens camarades de brigade laisseront posée la batterie de cuisine, les pâtissiers vont laisser le marbre s'endormir, les serveurs ne rempliront pas les coupes de mignardises, et le coup de feu du service ne sera qu'un glas funèbre. Le chef est mort. Amis de l'Espérance, sortez le recueil de recettes de Marc et Françoise avant la fin du jour. Choisissez un plat. Que nos casseroles respirent le homard au jus de viande, le bœuf à la ficelle et le pot-au-feu de Dodin Bouffant. Que la friteuse siffle le crépitement des cromesquis. Que le four chante la vinette, le vol au vent à la bourgeoise et le soufflé au chocolat. Que les chambres froides hument l'huître en gelée d'eau de mer et l'ambroisie. L'Espérance comme les autres restaurants me manquent. Les Saint-Cochon avec Barclay, Hallyday et Collaro habillés en blanc, les journées avec Gainsbourg et sa smala, Mitterrand et Kohl en tête à tête, Rostropovitch en son univers, les collègues et leur avenir. Tous les 3 étoiles, tous les cols bleu-blanc-rouge, me manquent déjà. Leurs coups de gueules, les assiettes qui volent, les anniversaires du personnel qui finissent dans le ruisseau, nos accents régionaux et le paternalisme empli d'embrassades. Celui-ci fut un de mes maitres, mon chef et mon ami. Il était mes journées de 16h, ma semaine de 6 jours, mes congés hors saison. Il était à l'origine de mes drogues pour tenir le speed, à l'origine de mes nuits pour cimenter la camaraderie, à l'origine de la croyance en ma capacité à agir. Je croyais que nous nous reverrions au restaurant, pour fêter sa réouverture, la reprise par son fils : j'avais tort.

Internet au bout de mon pouce et de mon index me rapproche d'anciens camarades que je ne connais plus et de nouveaux amis que je ne connais pas, de fans de mes livres, des producteurs, des cuisiniers du monde entier, dans un espace communautaire instantané. Un monde où chaque personne pense maitriser une expertise gastronomique, tout en hashtaguant « Mort au Nutella », « Fermons les abattoirs », « Fermons les boucheries », « Sortons dans la rue », « Je suis Charlie », « Je suis Paris », « Je suis Bruxelles », « Je suis Orlando », « Restez chez vous » ...Un mixed-grill d'opinions qui soit fait froid dans le dos, soit me laisse froid. Je vois tout cela avec une totale impuissance. Pénibles et néfastes, ces sentiments emprisonnent toute la société. Toujours ce poids de responsabilités mais pas responsable, de culpabilités mais pas coupable. Pour me rassurer, j'écris des manuscrits à la chaine, comme un charcutier accouche de ses chapelets de saucisses, sans affection. Je publie à tire-larigot et gratis. Je ne tente pas de gagner des droits d'auteurs, pas de kopeck, ni même de monnaie du pape. Aucune fleur, aucune reconnaissance. Seulement le plaisir de diffuser une réflexion, de savoir que certains auront lu mon monologue pour commencer un dialogue.

Retour à la table familiale, support de diffusion des croyances dans le capital relationnel. Nous tentons d'être tous les quatre autour de notre table à chaque diner, autant que faire se peut. Espace de diffusion de la morale parentale. Enjeu de la construction d'une parentalité, d'un cercle du sang qui continue de s'appuyer sur une table ronde, pour manger, pour donner du lien entre les convives. Ronde comme une alliance. Aucun bout de table, aucun coin saillant ne coupe le fil qui lie les membres d'une même famille. Vitale pour assurer la continuité filiale, visible, trônant au milieu de la salle à manger, la table permet à tous ses membres de posséder toujours une place dans le cercle de cette intense sociabilité familiale. Les usages de l'alimentation ressemblent totalement à un capital social. Notre position assise à table est précieuse pour l'exercice matriarcal ou patriarcal et le respect des traditions. Le grand-père de notre cercle, à chaque repas d'anniversaire, conserve ce vieux rituel. Au bout de la table, il s'assoie le premier, pose son verre personnel et déplie son couteau. Des codes à table, des singularités, qui signifient encore pour lui la justification d'un positionnement social. Mais ces méthodes ancestrales deviennent les témoins du passé, d'une obsolescence programmée, où la recherche du plaisir pour tous est théoriquement au centre de la table. Ma façon de voir les choses commence à me nuire. Je théorise de trop. Je deviens un autre. Faire en sorte que le bonheur soit observé plus simplement, et potentiellement perpétuel, dans cette vie qui n'a rien de linéaire. Recherche de sérénité, d'harmonie, de conciliation avec les miens, avec moi-même et avec le monde.

Une tasse de thé à apprécier, doucement, tranquillement. « Je prends un thé ». Non. « Le thé me prend », me transporte, transpose, transfert, transfigure. Transfusion d'une infusion. Entrer en quête de petits plaisirs sans être à la recherche du plaisir à tout prix, et sans ascétisme écolo-humaniste.

Pendant un quart de siècle, à peu près, l'intellectualisation de la gastronomie me paraissait ressembler à un conflit entre le moi présentement actif et le moi occasionnellement pensant. Un conflit entre le jeune collégien que je fus, défini comme inculte par le corps enseignant, et le professionnel en phase d'expertises à transmettre aux nouvelles générations. Un conflit entre croyances et variabilité des vérités, identifiées pour chaque sujet culinaire : *L'Epoisses sent mauvais ! Un bon restaurant est un restaurant étoilé ! Le vin, c'est de l'alcool ! La bonne cuisson du veau est rosée ! La crêpe Suzette est toujours servie flambée ! Millefeuille s'écrit avec un tiret entre « mille » et « feuille »* … Au début du XXIe siècle, alors que mes représentations sortent d'un néant normatif, les sciences historiques, anthropologiques, sociologiques, économiques, me semblent quant à elles sortir du lot, dans cet imbroglio de paradigmes. Besoin d'être capable de m'expliquer cet univers gastronomique, matériel comme immatériel, qui m'avait été imposé par la restauration.

La restauration, un monde où l'alchimie domine et où la magie des lieux constitue une alternative au savoir-faire inexplicable du goût. Si rien n'est aisément perceptible, tout reste à expliquer. Pour se faire les cuisiniers à la télé enrobent la narration de leur pratique culinaire dans des incantations techniques et pseudo-scientifique, sans maitrise de sang-froid, sans relativité. Le sommelier dispense une pensée magique et se drape dans un discours académique. C'est à force de repérer ce dogme que je me lance à analyser les discours de dégustations et discours culinaires, par l'entremise universitaire. Perspective de subsumer la gastronomie, de la rapporter à une lecture plus large que celle qui lui est donnée. La juger afin de gagner du recul et non de la technique. Travaux seulement d'apparence scientifique, in fine. Ma carapace professionnelle accepte mal les directives méthodologiques du monde de la recherche. Les sciences de l'information et la communication sont alors une discipline toute en significations pour me donner la commodité et la latitude d'escamoter les affirmations convenues et absolutistes, et de tarabiscoter une problématique en forme de point d'interrogation.

Je collabore avec les historiens de l'alimentation de France et de Navarre. Les historiens universitaires me font penser aux cuisiniers professionnels. Quand un historien amateur publie un livre avec une donnée légendaire non vérifiée, il n'est pas considéré comme un historien. Lorànt Deutsch est fustigé, alors que ses livres se vendent comme des petits pains. De même, les cuisiniers estiment qu'un restaurateur qui n'aura pas fait ses gammes et ses armes chez un pair ou dans une école hôtelière médiatique, et qui n'a pas d'étoiles scintillantes à son fronton, ne saura pas produire une cuisine de qualité. Satanée normalisation ! Putain de process méthodologique ! Mes articles de recherches en font les frais et sont souvent refoulés faute d'une méthodo peu orthodoxe. Frustration. Mes travaux archaïques ne font pas l'unanimité. Leur empirisme m'élève aux sens ascensionnel et éducatif. Les historiens présentent leur vérité, leur science dogmatique, leur réalité, comme une intellection. Seuls les faits et le croisement des sources donnent lieu à cette vérité. Elle se place ainsi au-dessus de tout autre prescription de réalité. Comme si les sciences humaines pouvaient avoir un organigramme hiérarchique. Quid des légendes ? Quid de l'histoire originale de la tarte Tatin, de Lord Sandwich, du croissant turc, des trois Apicius, du service à la russe ou de la crêpe Suzette… ? Quid du travail de construction historique par les confréries ? Quid des histoires romancées ? Quid de l'intérêt de la fiction pour construire une société ? Quid du libre arbitre éclairé ?

La première fois qu'un universitaire me présente, devant un parterre de public, sous l'intitulé de « chercheur », il s'agit d'un historien, l'académicien Pascal Ory. Quelle légitimité ai-je donc pour m'affubler d'un tel titre ?

Mais mon déterminisme m'amène à un enchainement causal. Une méthode empirique pour évoluer. Réussite en demi-teinte, en dualité, entre substance et apparence. Je dois considérer ma réussite de vie comme un tout, et non pas revenir sur chaque détail. Individuellement chaque sujet est perfectible. Je fais de l'holisme un principe de vie essentiel. Cet idéalisme m'éloigne du réel, de son ordonnancement, de son intelligible, de son système d'ordre suprême et de sa logique.

Déterminisme, sens de l'endurance, volontarisme, pugnacité, conviction, efficacité. Des valeurs à construire pour les années qu'il reste devant moi. Ne pas choisir la fuite tellement tentante. Ne pas laisser le monde s'affaisser dans mon esprit. Construire encore et encore des projets pour être mobilisé, même si je suis incapable de soulever des montagnes. De majordome à métronome, l'organisation de projets culturels autour de la cuisine devient mon lot quotidien, au sein de l'université. Juger, jauger, valoriser les cultures à partir de mon propre regard ethnocentré, de ma propre culture. Découverte du Nawrouz et du Palov ouzbeks, du Keşkek turc, du Michoacán mexicain, du Washoku japonais, du Kimchi coréen. Des principes de relations éthiques, du rapport à autrui, celui qui n'est pas de ma culture. S'acquitter d'humanisme. Expériences d'altérité. Converser avec mon alter égo au sujet d'autres mondes culinaires. Découvertes des vins du bout du monde et de quelques vieilles bouteilles oubliées toutes droits sortis des ténèbres. Découverte des fromages du monde entier lors de festivals, des innombrables variétés de pains, de légumes oubliés et de races bovines incomparables. Discussion avec l'association L214 pour tenter de comprendre leur point de vue anti-viande. Responsabilité de promouvoir la notion de terroir viticole dans un groupe intersectoriel. Co-encadrement de thèses, copilotage de programmes de recherche, tantôt Cnrs tantôt Inrae, sur le discours du vin, du sel, de l'addiction et de l'œnotourisme. Mon univers professionnel est au quotidien imbibé de vin et de gastronomie. Il est de plus en plus absorbé par ce produit qui a irrigué les travers de mon enfance. Connaitre l'ennemie pour mieux le maitriser. Connaitre l'alcool par son prisme culturel. Double exigence : reconnaitre que je dois tout à la culture et m'affranchir des cadres rigides dans lesquels je suis enfermé.

Rencontres avec des chefs de renom : Troisgros, Marx, Hermé, Roellinger, Hay, ... Leur cuisine est glorifiée, pour la qualité des mets, et triomphe comme une vérité toute nue. Pourtant il faudrait que leurs plats soient anonymes, sans que le chef soit devenu people avant d'être cuisinier reconnu. Scrupules de valoriser certains individus qui sont plus souvent sous les projecteurs d'une scène que sous les extracteurs de graisses de leurs fourneaux. Déceptions de certains. Désillusions quelquefois. Dans son espace, le cuisinier étale ses sélections de produits, sa sueur, son savoir-faire, ses soucis, ses racines, sa fierté. Je suis amical et indulgent avec tous ces hommes qui œuvrent pour donner de l'art au quotidien, même si quelques-uns de ces chefs sont les seuls à s'extasier devant leur production culinaire. Mon quotidien devient le jeu de se servir des compétences des autres puis de leur offrir un coup de projecteur médiatique et un bon repas pour qu'ils jouissent de notre collaboration. J'écoute la ritournelle sentence des entrepreneurs qui soulignent l'absence de personnel qualifié, l'incompétence des jeunes, arrivant dans le métier, et les charges incompressibles, ... Je les écoute et ajoute « Je vous comprends ». Mais suis-je réellement attentif et compréhensif ? Quelques années auparavant, j'aurais voulu pourfendre certains propos de mes interlocuteurs et aurais défendu la valeur de la formation professionnelle, la naïveté de la jeunesse, le système social. Mais là, je baisse ma garde. Je laisse dire et critiquer. Nous sommes à une époque où chaque individu estime son appropriation unique, sa représentation personnelle, comme valeur universelle et absolue. La fin d'une forme de démocratie pour envisager la renaissance d'une nouvelle société. La société contemporaine ne se contente plus des arguments du système public ou de l'autorité. L'avis contradictoire est à la mode. Le monde part en quenouille. Chacun veut réformer voire réfuter les interdits comme les institutions qui l'entourent. Chacun pense détenir la justesse, le savoir, l'expérience, qui puissent convenir au plus grand nombre. C'est ce que je tente de transmettre à mes étudiants de l'université. Pourtant, certains jours, où malgré toute la volonté d'exprimer mes sentiments sur un sujet, les mots à ma portée me paraissent inadéquats. Le vocabulaire académique est tellement commun à tous ceux qui transmettent et apprennent, alors il devient finalement totalement impersonnel. Seuls mes mots personnels et individuels pourraient refléter ma pensée. Ma vision des choses est trop singulière pour que les mots universels puissent représenter mes idées. Ce que je veux transmettre aux autres, pour envisager une relation sincère avec eux, ce sont des émotions vraies et uniques. Je me retrouve donc seul avec mes sentiments sans pouvoir en parler véritablement.

Au détour d'un colloque, le patriarche du goût, le parrain de l'analyse sensorielle, le vénérable Jacques me convie à venir déjeuner chez lui, dans sa maison reculée, rurale mais pas rustique… Tête à tête auquel s'ajoute son épouse. Quatre-vingt-dix ans pour elle et quatre-vingt-douze pour lui. Il a beau m'avoir invité, il n'a que faire de mon existence. Seule ma présence physique est importante. Toutes les conversations de table tournent autour de sa vie et son œuvre non aboutie. L'eau est interdite sur la table. Il envisage une dégustation comparative entre un chinon Olga Raffault 1989 et le même en 2016. Il est étonné que j'aie pu avoir le même flacon de 89 dans ma cave quelques années encore auparavant et que je puisse me permettre de dire qu'il était aujourd'hui « sur sa fin ». Outrage à son expertise. Son regard insistant se pose sur mes mains. « Vous ne savez pas tenir un verre », me dit-il. Je souris, tellement décontenancé par une telle affirmation. Moi qui ai enseigné à tellement d'élèves la gestuelle de la table comme de la dégustation. J'ai beau lui expliquer que dans mon for intérieur la prise du verre par le pied vaut pour des moments solennels, commémoratifs, de dégustations officielles, et que je m'efforce justement à prendre le verre par le globe afin de souligner la convivialité du moment que nous partageons, sans chichi. La femme de Jacques est outrée par ma verve. Jacques se lance dans un cours, sans mesure de durée, de tenue ou de pédagogie, sur mon éducation de table, sur la déchéance de la jeunesse, sur la fin d'une société qui mixe les rites et qui abandonne ses rituels et ses repères, sur la perte de savoir-vivre et des savoir-être. Les heures passent. Je reste silencieux par courtoisie. Je dois me conformer à la seconde à chacun des gestes qu'il m'oblige. Il m'infantilise par le vin. Suis-je également aussi insistant auprès de mes enfants sur la relativité du bon goût, sur ce sujet qui me parait tellement important pour une société ouverte à la pluriculturalité ? L'esprit humaniste met au même niveau la relativité et la tolérance, les idées et les idéos, les genres et transgenres, les jeunes et les vieux, la gauche et la droite, les arts modernes et les arts classiques, le social et le patrimonial, le vin et le Coca, toutes les religions, toutes les origines, tous les territoires, tous les modes alimentaires : végans, carnivores, mondialistes, régionalistes, écologistes, productivistes, ... Si tout est culture qu'est-ce qui réunit les hommes, sinon le regroupement en communautés ?

Mon père entre en communauté ehpadienne, « sa dernière demeure » comme il me le précise. En s'asseyant sur son nouveau lit, il me prend par la main et dit :

— J'ai une question à te poser : Où étais-tu le jour de l'enterrement de ton grand-père ? Tu as disparu. Tu n'avais que dix ans. J'étais inquiet.

— J'ai fui, papa, j'ai fui ce monde d'adultes, de pleurs et de tristesse. J'ai couru dans le bois de Vauvert, suis monté sur le promontoire, là où il y a un banc, et me suis assis. J'ai regardé la collégiale au loin, ai écouté les cloches sonner ce glas de ma vie. Je construisais ma tristesse à ma façon.

— Et tu nous as rejoint pour le banquet, qu'on fait toujours en hommage d'un défunt.

Quels souvenirs dois-je conserver de mon père ? Saurais-je les transmettre ? Mon père est un homme doux et mou, fort et dur. Ne me suis-je pas imaginé mon père, en réalité ? Fait-il partie de mon existence réelle ou imaginaire ? Ai-je pris mon père comme modèle ? En quoi fut-il un acteur pour ma vie ? Trop de questions en suspens pour cette énigme de ma souche identitaire. Si Freud était là…

Ma main, celle d'un quadragénaire, pousse lentement une porte historique. J'ouvre les portes de l'Académie française. J'y fais entrer des chefs de cuisine et leur offre un micro pour parler de leur vie. Je ne suis finalement, toujours, qu'un loufiat portier, un commis de la République. Ici, sous la coupole de l'Institut de France, le temps d'un instant, des manuels, des marmitons, sont honorés pour leur art, pour leur créativité, pour leur identité. Ici, Haïm Korsia, Gabriel de Broglie, Hélène Carrère d'Encausse, Xavier Darcos, Emmanuel Le Roy Ladurie, Jean Tulard, autant d'académiciens avec qui j'ai la chance d'échanger un petit mot ou un petit-four. Discordance entre mon faible vocabulaire et leur haute probité discursive. La haute société se lance à écouter les sans-dents, les manants, les opérationnels.

Les gens de la rue, les téléspectateurs, les internautes écoutent et regardent en boucle la vie des personnes communes, d'inconnus, des anges de la téléréalité. Des méconnus qui veulent tous devenir (re)connus, tout du moins sur les réseaux sociaux. On préfère maintenant mettre en avant les loosers plutôt que les leaders, par plaisir de se sentir au-dessus du lot, par vanité. Le regard des uns et le rejet des autres lancent un raz de marée, un ras le bol, dans les rues des villes d'Europe. Alors que le monde est en branle, avec des gilets jaunes en bandoulière, moi, je suis invité à un diner de gala dans un restaurant étoilé, comme si cela pouvait élever mon statut social.

A la maison, je cultive les mauvaises herbes dans mon jardinet, j'ai l'impression que la nature me tient tête et gagnera toujours sur mes efforts. Depuis ma terrasse, je vois pigeons, moineaux, et sternes, défiler au-dessus de ma tête. Je me débouche une bouteille de Tokay de Hongrie 1972 achetée à l'époque où j'étais sommelier ; séquence émotions. Je vis le déplaisir de faire mes achats sur internet par manque de temps. Je récupère mes courses au drive et découvre à la maison qu'il manque des produits de ma commande. Je fais broder mon nom sur une chemise blanche avec l'insigne des membres de l'Académie culinaire de France. Elle devient rose après le premier passage en machine. Je m'achète un nouveau téléphone et il tombe immédiatement en panne, une obsolescence trop vite programmée. Je chante à tue-tête dans une soirée chez des amis, et je me fâche sans raison valable. Je veux remettre des poissons dans l'aquarium vide, il n'y a pas de raison que je sois le seul enfermé dans ma maison. J'ai envie de voyager loin en Asie, là où les gens sourient tout le temps, même si cela ne parait pas tellement naturel. Un verre d'apéritif chaque samedi soir, c'est encore et toujours trop. Des efforts à produire. Une endurance à tenir. Je cours sans cesse, après le TGV comme le métro, et je n'ai pas le temps de voir les visages des gens qui m'entourent, cela défile trop vite. Premières discussions politiques avec mes fils. Divergences d'opinions. Mes fils me dépassent, physiquement, intellectuellement. Ils sont beaux. Je me dégarnie. J'hésite à tondre tout mon crâne, mais m'en empêche. Je suis déjà assez ridicule, ce serait pire. Sur mon visage comme dans ma voix, mon sourire devient rare. Ça fait une éternité que je n'ai pas ri à gorge déployée. J'ai de plus en plus de mal à me lever chaque matin. Je reprends chaque jour mon souffle pour me donner de l'élan à entrer dans mon bureau. Envie d'écrire mais manque de temps. Les déjeuners du midi ressemblent à du gavage d'oie. Sur le chemin du retour du boulot, je ne trouve pas de fierté d'un travail accompli. Envie de prendre les miens dans mes bras et de les entendre me dire qu'ils m'aiment. Envie de me libérer, de chanter, danser, pleurer, hurler, rire, marcher puis courir, disserter et m'embrouiller, être nostalgique, manger beaucoup et encore plus, sauver quelqu'un, contrôler mes émotions, provoquer quelqu'un et choquer les gens. Envie de déconner et de décoder les normes du bien-pensant et du bienséant.

Envie d'adorer un sujet, un produit, un concept, une idéologie au point de m'y destiner totalement. Envie de regarder le monde qui m'entoure, de tomber d'un immeuble du dixième étage, et de me réveiller en sueur. Envie de téléphoner à mon père pour être certain qu'il se souvienne encore de moi, encore un peu. Il me confond quelquefois. « J'apprends tout seul à faire mes armes, si seulement je pouvais lui manquer », pleure Calogero. Envie de tout recommencer à zéro...de quitter mon monde cérébral, mes céphalées, remplies de naïveté. De me saouler comme un barge, pour rire à nouveau. Mais je m'en interdis.

Hier, Reims, je dispensais la conférence plénière d'ouverture d'un colloque international. Aujourd'hui, TGV pour Paris. Rendez-vous à 10h avec la chaine Paris Première pour une capsule vidéo sur mon discours du goût autour d'un plateau de fromages. Déjeuner avec l'éditrice d'Hachette pour un nouveau projet de lexique culinaire. Rendez-vous à 15h, émission sur France Culture autour du sujet qui draine la société « Le genre... et la cuisine ». Enfin 18h, TGV de retour, toujours en retard. Demain, Dijon, conférence dans un musée, avec Gérard Oberlé à mes côtés, 25 ans après avoir été son serveur l'espace d'un instant. S'en suit une réunion du réseau de chercheurs en sciences de la communication alimentaire, et un cours en diplôme universitaire « Addictologie à l'alcool » face à des médecins et des personnels de santé. Je suis actif. Rien d'exceptionnel à cela. Les déplacements sont ordinaires, alliant expérience d'un repas aux échanges philosophiques avec une professeure de littérature médiévale, idéologiques avec un candidat aux élections municipales, réflexifs avec un couple de militaires. Le plaisir de croiser les débats, de multiplier les raisonnements, de pousser la logique, d'essayer de comprendre ce qui nous donne du plaisir durant les repas. Je m'interroge tout de même sur la justesse de mes propos avec une littéraire universitaire, moi qui n'ai lu qu'une poignée de romans. Sur ma légitimité de parler d'économie avec un banquier, moi qui ne suis que petite fourmi. Sur mon bien-fondé pour parler de politique avec un élu écologiste, moi qui roule en véhicule diesel prolétaire. Sur mon équilibre psychologique, moi qui parle dans ma tête à une personne imaginaire chaque soir avant de m'endormir alors que je ne crois plus en Dieu. Sur ma capacité à expliquer aux étudiants qu'il faut être relatif alors que je suis absolutiste dans mes choix. Contradictoire avec moi-même, avec mon tout, avec mon individualité.

Boulimie de travail, de projets. Mes activités me grisent. Mon quotidien est exaltation et enthousiasme. Est-ce que mes actes font de moi quelqu'un ? Un acteur important voire puissant ? Pff ! Bien évidemment que non ! Eh bien heureusement ! Les réseaux sociaux me soulignent mon indice de visibilité, loin de ressembler à une éventuelle popularité. Différence évidente entre les actions menées et la visibilité. Lecture de ce que je deviens, quand la modalité des « actes » se confond avec la modalité « puissance ». Me qualifier de gastronome en puissance, est-ce envisager un fort taux de probabilité que mes actions gastronomiques se reproduisent en nombre ? Ou est-ce souligner une forme originale, intéressante, distrayante, de mes conférences et ouvrages gastronomiques ? Cette puissance est potentielle et subjective, tandis que mes actes sont bien réels et effectifs. L'écriture m'aide à apprendre à me connaitre, à me convaincre. Recherche in vivo. Cogito en substance. Examen émotionnel. Expérience de vie. Ma démarche réflexive d'écriture juge, identifie et doute de l'idéalisation du verre et de l'assiette comme vecteurs de sérénité. Tantôt j'invente des mots pour faire évoluer le sujet de la réflexion, tantôt je galère à trouver les mots appropriés pour préciser ma pensée. Me qualifier de gastronome convaincu, c'est croire qu'il n'existe qu'une vérité gastronomique. La vérité n'est non pas au fond du verre, mais se trouve dans le regard de mes interlocuteurs. La vérité a de nombreux visages. Alors je cours les chemins pour rencontrer d'autres visages, découvrir d'autres vérités, m'installer à d'autres tables. Etudiants, chercheurs, professionnels, institutionnels, associations, consommateurs,... Créer des rencontres, des projets des collaborations, initier des études, des mises en comparaisons, en extension,... L'effort de produire, préparer, organiser, me met en mouvement, me mue. Mutation symptomatique de mon corps, de mes attentes, de mes plaisirs, de mes goûts. Passage de la forme élémentaire de mes envies à l'opposition « désir » versus « répulsion ». Mon corps ne veut plus de tout. Ma bouche ne veut plus être un simple trou à boucher sartrien. Mon corps est désordonné, entre sa raison et ses passions. Etat de nature. Faire avec. Persévérance. Contradictions. Recherche d'harmonisation entre moi et moi.

Le printemps arrive. Le plaisir de l'ensoleillement saisonnier nous rend entrain à parler de vin et de gastronomie de saison. Le vin de saison est indescriptible, car il n'existe pas. Alors rien n'est plus simple que de parler de vin en faisant appel à ses souvenirs ; ceux de l'hiver et du réveillon passés. Ceux du barbecue des lointains étés, ceux qui restent ancrés et dont on veut narrer l'expérience. D'autant que, les souvenirs des dégustations passées, ils existent en nombre pluriel dans plusieurs passés. Dans son espace-temps, la dernière dégustation, de l'année passée, marquante à ma mémoire, d'un petit verre de blanc, profitant des derniers rayons du soleil, croise les odeurs des restaurants asiatiques, se mélange avec les olfactions de la poissonnerie, traverse des effluves variées. Dans un même instant, je vis différentes expériences qui voisinent simultanément dans un même espace : un client dans un bistrot gastronomique croise un client d'un bar à vin, bar de copains, sur un même trottoir. Certains sont assis, d'autres sont debout sur le trottoir. Alors comment gérer ses flux ? Comment donc identifier l'aire représentative de notre espace de dégustation ? La lacune fondamentale serait en fait la façon de mesurer la vérité de chacun. Il n'existe aucune vérité stigmatisée ou normalisée sur le paradigme du vin bon ou du mauvais, du bien boire ou du mal. Le regard du ventre est-il proche du regard de la conscience ? Dans une dégustation commune que je partage sur un territoire ou trottoir communs avec d'autres individus, comment puis-je coexister sans une vision commune de ce qui est bien ou bon ? Tenter de penser l'humanisme du verre. En prenant place à la terrasse d'un restaurant ou d'un bistrot parisien, un vendredi soir d'automne, pour profiter de cet été indien, pour échanger les avis gustatifs de chacun. Dans la concrétisation de cette soirée-dégustation, chaque dégust'acteur permet, par cet assemblage, la création d'un fruit : celui qui naît de cet échange en commun, une « communion » presque religieuse qu'on appelle « la communication ». Une forme d'humanisme qui résulte théoriquement en une soirée de plaisirs et de bonheur autour d'un liant qu'est ce vin. Mais quand cette démarche, cet acte de dégustation, si morale à nos yeux, se nomme perversion aux yeux d'extrémistes, elle va vers l'incompréhensible. Quand le bistrot habituellement théâtre des plaisirs devient théâtre des opérations, théâtre dramatique et théâtre de l'horreur. Quand la brigade de cuisiniers et de serveurs disparait pour être remplacée par des brigades militarisées défensives puis offensives. Quand les odeurs de vin et de cuisine sont remplacées par les odeurs de la mort. Quand le vin est un produit symbolique et religieux situé au cœur des critiques et revendications déifiées. Alors c'est en partie l'une des symboliques de la France qui est ciblée. Les bistrots, le vin et la gastronomie, assument alors une fonction politique. Rappelant Jean Jaurès à la terrasse du Café du croissant, Ravachol au restaurant Véry en 1892, le restaurant Goldenberg rue des Rosiers en 1982, le Grand Véfour en 1983, le restaurant Maxim à Haïfa en 2003, le restaurant l'Annexe à

Corte en 2013, le restaurant La Chaumière de Djibouti en 2014, le restaurant La Terrasse à Bamako en mars 2015 puis un restaurant somalien en avril 2015, le vendredi 13 novembre 2015, alors que l'on prépare les cartons pour fêter le Beaujolais nouveau, le sang se mêle au gamay sur le carrelage des bistrots. Le Petit Cambodge, la Bonne bière, le Carillon, mais aussi le Casa notra, un McDonald's, le Café Bataclan, La Belle équipe, Sushi maki et la brasserie Comptoir Voltaire, s'inscrivent dans l'histoire. Le plaisir épicurien devient le moment grave. Ce plaisir éthique, diplomatique, démocratique, fait de la table « un théâtre politique », une scène d'idéologies aujourd'hui dramatiques. Ainsi tente-t-on d'effacer nos petits bonheurs ? Le rouge et le temps coulent alors en plusieurs sens en fonction de l'axe d'observation. Les minutes passées gourmandes et dégustatrices n'existent plus qu'à travers notre mémoire brouillée, et par l'image de tables renversées, car tout ne se photographie pas. Dans un même présent, les amis qui avaient partagé nos préalables minutes de bonheur sont difficiles à retrouver, à discerner, et d'autres relations se créent dans des minutes de souffrances. Alors un bistrotier ouvre son bar et nous sert un verre pour remonter le moral. Le repas du dimanche qui suit n'a plus la même odeur pour l'ensemble des habitants de ce pays gastronomique. Les mornes journées et la tristesse des lendemains, où les villes et terrasses sont vidées de leurs badauds, offrent des plaisirs de table répétitifs pour resserrer les liens d'amitiés. Restant enfermés dans des maisons et appartements, le vin de l'apéritif rend alors les vicissitudes d'un présent gustatif dérisoire et illusoire. Plus aucun d'entre nous ne parle du vin que l'on dégustait, ni de celui qu'on déguste. Plus personne n'évoque les tapas qui l'accompagnaient. Même leurs goûts ont disparu à notre souvenir. Tout le monde ne parle plus que des horribles actualités. Le temps fait disparaitre des bistrots mythiques et avec eux enterre des souvenirs gustatifs qui ne traverseront pas les temps à venir. Le temps est un inexorable assassin du patrimoine sensoriel. Chaque seconde tue la précédente comme chaque bouchée fait disparaitre de notre mémoire un plaisir fugace, un moment grave.

Les mois puis les années gagnent sur la blancheur de ma barbe. Dans la rue, les Misérables ont troqué leur bonnet Phrygien tantôt pour un bonnet rouge ou pour un gilet jaune. En face d'eux, les képis ont été échangés contre des casques lourds. Les deux camps sont séparés par une rubalise, frêle frontière face à ce marasme. En quelques secondes, les bouteilles, sacrées bouteilles, se mettent à voler au-dessus de moi. Remplies de distillation enflammée. Comme dans un Gloubi-boulga d'opinions, verves et venins sont distillés dans une ambiance de feu. L'eau de feu, l'eau de vie a perdu sa vertu et devient outil contre la vie. Les cocktails n'ont plus la mesure de mon époque, le Molotov l'emporte sur le Manhattan. Echanges de bouteilles et de mots, nouvelle forme de partage et de commensalité.

La carrière de Colombine l'a emmené là où elle voulait, à gravir des montagnes hiérarchiques. On se voit à yeux mi-clos, à mi-temps, à mi-chemin entre nos deux parcours. Elle a réglé son pas sur celui des marathoniens.

Son acharnement, sa pugnacité, font saigner ses pieds. Je n'en suis qu'au footing-promenade. La cinquantaine approche, on tente de repousser la vieillesse en mêlant trails et défis kilométriques. Mon corps a été délaissé pour que mon esprit puisse développer ses réflexions. Hier, grossir m'importait peu, ce n'était que légitimité de la vie. Mais je ne peux pas abandonner mon corps, je lui dois tellement. Prendre la route pour échapper à la routine. Courir vers l'Ouest. Courir après le soleil. Courir encore, pour empêcher qu'il se couche et qu'il se cache. Si je cours assez vite, à sa vitesse, je le suivrai dans sa couche. Interminable. Courir pour se désintoxiquer des écrans qui me font saigner les yeux. Les baskets sont devenues des sneakers. La capuche du sweat tombe jusqu'à mes yeux. Le tour de cou recouvre ma bouche et ma barbe de trois jours. Enfermé dans la bulle de mon capuchon, rien de l'extérieur ne peut m'atteindre. Je suis en introspection. J'écoute mes membres subirent la douleur. Je sens mes jambes dépasser ma demande d'avancer. Je suis la fusion d'un chaperon qui gambade dans les bois et d'un jeune de cité qui simule Rocky. A mes oreilles, les récepteurs de mon appli Spotify. Mon Samsung me donne le tempo et mesure ma cadence. Patience, constance, résistance, endurance, persévérance, pour contrer les premiers indices d'affaiblissement. Je passe devant le perron de la cathédrale. Par terre, tout autour de moi, des pétales de papier, sorte de confettis géants en forme de cœur, recouvrent le sol ; le riz des mariages est devenu trop cher. Les quais de Loire, les ilots ensablés qui flottent sur le fleuve, et les ponts et passerelles qui l'enjambent. Tout est ligne droite. Lignes à point de fuite. Tout est chemin. Interminable. Cinq, dix, douze kilomètres. Le projet de semi-marathon est au bout de l'effort. Mais plus qu'un challenge, l'isoloir capuchonné devient mon confessionnal. Tandis que les vieux tubes des années 80 braillent dans mes oreilles, seul, je m'écoute. J'écoute, ma respiration me conduire, mes muscles réagir, mon mental diriger le tout. Ne pas abandonner en chemin. Les chemins empruntés réveillent mes douleurs. La colonne vertébrale, usée par les déménagements des tables de restaurants à 15 ans. Les genoux abimés par la mauvaise ergonomie offerte dans les chaussures de service à 17 ans. Les chevilles, tordues par le jerk du piano-bar à 19 ans. Ma nuque d'adulte, trop pliée devant l'écran d'ordinateur. Tous les anciens maux se rappellent à mon corps. Au bout de l'exercice, une espérance essentielle dans la venue d'un futur continuel : gagner en énergie intérieure. Je traverse les rues de la ville, vidées de ses voitures et de ses passants, une ville totalement déserte, où la population est remplacée par des canards, en cette période de Covid. La ville est à moi seul. Tous les soirs, à 20 heures, le bruit des casseroles tinte désormais d'une note conviviale. Puis le déconfinement, les regards des gens, seule partie émergeante du visage masqué. Les tricycles des enfants à enjamber. L'odeur des hamburgers, croqués sur les bords de Loire, par la jeunesse tourangelle. La vie reprend son court petit à petit. La musique résonne encore et encore dans ma bulle capuchonnée. La détermination n'est pas abstraite mais faiblie. Je cherche à créer une recette mêlant différents ingrédients : croyance, efforts, visualisation et relativité. La pensée positive requise de toute part dans notre société est complexe à prôner. Puis le reconfinement. Puis une nouvelle vie qui ne nous ramène jamais réellement à la vie « comme avant ». L'optimisme au quotidien ne passe ni dans ma rue, ni dans mon salon, ni à notre table familiale, ni dans mon assiette. Je tente de lui trouver une devise : l'abnégation. Le web nous abreuve de « résilience ». Patienter en regardant les cerises se colorer dans l'arbre, se retenir de ne pas les manger trop tôt, admettre que les merles ont tout mangé avant moi. Croire en ma capacité d'admettre. Faire l'effort de m'en passer. Relativiser en pensant à la joie des merles. Et me souvenir qu'enfant je mangeais du pâté de merles à la cabane de chasse.

En attendant, depuis quelques années, je laisse tomber des mots sur des feuilles griffonnées et froissées. A la va-vite, dans mon lit, et aujourd'hui sans prendre le temps d'aller chercher mes lunettes qui se cachent toujours quelque part, nécessaires à mon âge qui avance, pour que ces mots ne s'évadent pas de ma tête, avant d'être posés sur le papier. Bien souvent, des mots écrits, soit dans le noir pour ne pas réveiller Colombine qui dort à côté, soit dans le brouillard par absence des binocles, au risque d'être au lendemain illisibles, indéchiffrables, inutilisables. Des idées éphémères, évanescentes, qui disparaissent aussi vite qu'elles sont apparues. Comme une expérience de vie, comme un goût qui s'évanouie et qu'on regrette de ne pouvoir conserver plus longtemps.

Nous sommes le 21 juin. Mon fils est parti vivre à son tour les plaisirs nocturnes de son âge dans cette fête de la musique, qui fait frire et colorer la jeunesse de France à feu très vif. Le smartphone vibre au milieu de la nuit, une voie ébranlée résonne. Direction les urgences. Tout ne fait que se répéter.

RETRAITE AUX FLAMBEAUX

Besoin de lâcher prise, de ne plus vouloir maitriser, de laisser la sensibilité m'envahir. Le travail sur moi est devenu au fil de l'eau un laboratoire d'humanité. Mes contradictions, mes visions du bien et du mal, restent une exploration de chaque instant. Toutes ces actions menées avaient-elles le même but, la même cause ? Cause efficiente ? Cause formelle ? Cause matérielle ? Cause finale ? Cette « presque fin », dans laquelle j'entre à présent, est la cause de tous les processus qui ont déclenché ma vie et ont décliné son développement. J'ai connu tant de modèles politiques dans mon espace personnel. L'asservissement médiéval du serveur. L'adolescent révolté du Bounty. Le régime de la Restauration. Une Révolution dans ma carrière. La tentative de créer un Empire. Une lecture intérieure de la Respublica pour trouver mes réponses à mes responsabilités publiques. Ai parcouru mon capital vital et mon esprit social, en recherche d'un centrisme et d'un radical. Me suis perdu, trompé constitutionnellement. J'ai eu l'occasion tout au fil de ma vie d'appréhender, d'expertiser, de transmettre, d'analyser, de subjectiver, de conceptualiser et de patrimonialiser. Mais si je ne devais retenir qu'un verbe directeur, lequel serait-il finalement le plus approprié pour me diriger aujourd'hui ? J'ai calqué ma vie sur un assemblage à la technique champenoise, mêlant parcelles et morceaux singuliers, millésimes et instants particuliers, cépages et caractères dominants. Sans ma cuvée de vie, rien n'aurait pu exister de tout ce que j'ai vu, fait, lu, entendu, goûté, caressé. Régulation du sens de la vie. A 69 ans, un âge à la fois érotique et relatif par son Ying et son Yang, j'arrive à un stade de ma vie active qui ressemble à une fin de route. Plus rien à voir de ludique. Quand il n'y a plus rien à faire, que faire ? Quand plus aucune lumière n'éclaire le chemin, suffit-il de changer l'ampoule ? J'ai beau chercher dans tout ce que j'ai, je ne vois pas ce qui me manque, sinon un idéal, composé d'utopies et d'illusions. Mais peuvent-elles exister ? Ne serais-je pas en train de confondre un idéal contraint par ses limites, ses normes et ses raisons, avec une idéalisation offrant l'extraordinaire, l'extraverti et l'extériorisation ? Au restaurant où je suis un habitué du midi, un client désagréable, vocifère et agresse verbalement un serveur que je connais, de cinq ans plus âgé que moi. Pour ce loufiat, comme pour la majorité des classes moyennes, la retraite s'éloigne toujours un peu plus, comme l'horizon s'éloigne dans le désert au fur et à mesure que l'on avance.

— Comment fais-tu pour accepter d'être traité de la sorte, qu'on te rabaisse aussi bas que terre, qu'on te parle comme à un chien ? Comment fais-tu pour encaisser, endurer cela depuis tant de temps ? lui dis-je le lendemain.

— Cette invective, je l'ai entendu trente secondes et après elle est sortie de mon esprit. Et toi, tu n'as fait que la percevoir de loin, il y a vingt-quatre heures de cela, et tu l'entends toujours, me répond-il.

Je vis peut-être les actes avec trop de sensibilité. Je devrais apprendre à me détacher. Je désespère de ne plus trouver ma raison, mon raisonnement, mes mots, de ne plus avoir suffisamment de relativité. Je devrais arrêter de juger. Mes perceptions et sensations sont détournées de leur sens propre : Trope de goûts. Le film de ma vie est sur pause. Ça m'exaspère de ne plus penser comme l'adolescent que je fus, de ne plus être immature, naïf. Je ne réussis plus aussi facilement à transcrire mes sentiments, mes souffrances, mes énergies. Besoin de réapprendre à profiter de la vie, à penser avec mes sens, mes expériences, mes observations. Ici et maintenant. Jouir du présent. Toucher l'éternité, l'intemporel, la puissance. Mure réflexion d'une incompatible destinée. Dû faire mes preuves de savoir et de savoir-faire toute ma vie.

Je me lance à pâtisser, à la maison, pour mon propre plaisir. La cuisine est une mesure du temps dont on ne peut peindre le ressenti personnel. Pourtant les mots ne manquent pas pour la décrire. On les a accumulés, autant que les découvertes de goûts.

Quand j'aborde mon passif gastronomique, je vois l'ennui dans les yeux de mes interlocuteurs. Je voudrais bien cesser de radoter à propos de mes souvenirs culinaires mais je n'y arrive pas. La nostalgie, c'est mon plaisir, ma drogue ! Je suis en 1988 ... dans ma tête.

Mon père croyait qu'accumuler des objets lui permettrait et prolonger ses albums-souvenirs, de se rappeler les goûts de la vie. Il pensait que, comme le vin, les objets se bonifieraient et prendraient de la valeur avec le temps et que je les garderai toute ma vie durant comme un héritage. Mais l'objet, la babiole, le bibelot, les curiosités et autres caprices chinés, ont une valeur, dans un laps de temps étroit, éphémère. Tous ces objets gisaient devant moi et je me devais d'en faire ressortir une valeur sonnante et trébuchante pour payer l'ehpad de mon père. Mais le bouvier en étain, porte-diner des flotteurs du XVIIIe siècle, acheté à prix d'or, ne vaut plus rien sinon le poids de l'étain fondu. Les assiettes en faïence signées et numérotées ne valent plus rien. Les verres colorés et ciselés, dans l'esprit des Saint-Louis et de Baccarat, ne valent plus rien. L'argenterie, aux poinçons scrutés et aux armoiries vaniteuses, ne valent plus rien. Les meubles massifs ou en marqueterie, dont les maitres artisans ébénistes ont accouché, et à la patine naturelle qui dessine les siècles traversés, ne valent plus rien. A force d'accumuler, mon père a perdu sa mesure. Il me lègue aujourd'hui son fardeau. Ma besace est comme le grenier, pleine. Pleine de souvenirs, de saveurs, d'odeurs, de couleurs, de formes, d'esthétismes, d'esthésie, comme de textures et de moments partagés. Des souvenirs dans un sac percé. Je brasse mes peines, à chaque fois qu'un souvenir s'envole. Je peine aujourd'hui à survivre à table tellement mon système digestif n'admet plus les frugalités. La table était jadis reine, sirène, élixir. Elle est aujourd'hui satire et moi martyr. Quand je mange, dans mes veines, coulent les pires menaces. Je ne déguste plus, j'absorbe. Je n'analyse plus, j'ingurgite. Je me suis défais de mes illusions. J'ai lâché mon égo. Je cherche à accéder à la nature de l'esprit, à trouver une paix intérieure profonde et heureuse, une sérénité. Mon reflet est un autre. Un qui n'a jamais voulu être, mais où la vie l'a amené. Ma psychologie s'échoue, si loin de l'étude que je portais à la philosophie de la vie.

Ma camarade de jeux enfantins, sur la place, devant l'épicerie, est devenue préfète. Claire, au prénom cristallin et à l'écharpe de soie, est devenue nonne. Nombreuses sont les personnes qui appréciaient jadis prononcer mon nom, aujourd'hui touchées d'Alzheimer. Quand je me présente à elle, je dois justifier de notre connexion. Mon imaginaire me joue-t-il des tours ? La ville de mon enfance est devenue, quant à elle, extrémiste. Son église ne recueille plus que quatre fidèles maximum aux heures de pointe. La boucherie où je cueillais son steak a disparu sous les influences répétées des peurs de la vache folle et d'époques antispécistes. Le salon de coiffure familial et le restaurant de la Boule d'or sont devenus des *no man's land,* pour moi, afin de protéger ma mémoire, ma sensibilité, mon équilibre. Ce sont des squattes habités par des étrangers de ma vie, des inconnus de mon monde. Des infiltrés dans ma maison. Des cailloux dans ma chaussure. Des relents amers dans ma gorge. Des cheveux dans la soupe. Restent les odeurs. Celles de la pâtisserie dans la rue de la Monnaie, avec ses gougères et ses meringues. Celles de bistrot Péradon, avec son tabac froid et ses relents de bière. Celle de l'andouillette grasse et caramélisée qui déborde du restaurant de la Tour. Le fond sonore du bistrot laisse transpirer une musique de guitare manouche. Celle de Thomas D. Il est aujourd'hui star incontournable, et son copain qui l'accompagnait s'appelle M.

Tandis que l'élève renvoyée du lycée parisien est devenue psychologue, souvent je me demande ce que sont devenues les discrètes jeunes filles de l'institut éducatif de Versailles, à la vie désincarnée, décharnée, toujours en mode survie, qui se scarifiaient en cachette, ce qu'elles ont pu faire du savoir culinaire qu'elles ont acquis. Naïf et positif, je me laisse croire que l'urgence de réorganiser leurs petites vies les a amenés à se créer en priorité un foyer, avec les bons repas du dimanche et les goûter du mercredi ; et que chacune de leurs minutes est occupée à effacer leur mal de vivre, leur mélancolie et à se nourrir de la vie. Sur Gallica, les livres de Bertall sont en accès gratuit et tout le monde s'en fout. Et les comptes Facebook de mes amis d'enfance sont tous abandonnés. Tout ce qui existait, n'existe plus.

Suis-je capable de me rappeler, de me démontrer ou me raconter, ma propre existence ? Celle-ci existe-t-elle de par mon expérience ou depuis mon raisonnement ?

Passer de la vision d'un monde vécu et construit, à la vision d'un monde perçu et imaginé. La réalité de ma vie n'est pas qu'un simple bilan, c'est un présupposé de plaisirs et de déplaisirs. C'est une représentation subjective de mes heureux souvenirs et de ce que j'ai considéré comme des embûches. Concilier réalisme et relativisme.

J'aime voir, sur le dos de mon fils, mon vieux sweat des années 80 qui revient à la mode. Nostalgie des souvenirs qui me renvoient au temps où je le portais. Mes fils et Colombine restent mes repères temporels, mes murs porteurs. Ils me rappellent la fuite inexorable des années, de mon existence, de mon chemin. Leur place autour de moi, même si à distance, donne le sens à ma route. Plus je vieillis, plus je deviens sensible. Depuis la modification du carillon de ma sonnette, je sursaute à chaque fois que quelqu'un sonne à la porte, à m'en faire péter le palpitant. Je cherche à me transformer, à contrôler mes passions, à affiner mes émotions, mais certaines évidences comme cette satanée sonnette me rappellent à la réalité. Je cherche également à ne plus être floué par les représentations. Maintenant, quand j'entre en touriste dans une église, je vis une ambiguïté. Une contradiction située entre l'intérêt observatoire de la décoration du site et de l'âme des lieux. Une contradiction qui mixe mes renonciations au rite, au sacerdoce religieux et au kitch cérémonial. Mes croyances et mes idées évoluent. Mes goûts s'usent. Les choses que j'assimile deviennent aigres. Devant mon assiette, je pleure des larmes dépourvues d'humilité, d'humidité. Mes pupilles sont arides, et mon aorte est sèche. Mes yeux, mon nez et ma bouche sont stériles, ils ne portent plus leurs fruits, en principe dignes profits de mes sensations, de mes sentiments, de mes sens. Mon assiette n'est plus que substances, matières, où je cueille les fleurs du mal, quelquefois dans une alchimie, entre elle et moi, entre mon corps qui s'abandonne et mon esprit qui m'échappe. Qu'est-ce mon corps me dit que je ne veux pas entendre ? Sans raison, sans morale, ma moralité devient rigide comme ma carcasse.

Le matin j'enfile ma vieille polaire marron, moche, hors du temps, usée, râpées. Celle que plus personne autour de moi ne veut revoir. Cette pelure avec laquelle je ressens immédiatement le haut de mon corps se réchauffer, quand je l'enfile, en me levant du lit dans les matins d'hiver.

Mes goûts se composent maintenant d'odeurs de vertu, de saveurs de projets inachevés et de textures de plaisirs inavoués. La couleur de la vie de mes enfants met le tout en lumière à l'aide de mots que j'utilise pour tenter d'exprimer mon bonheur, mais qui sont souvent aussi critiquables les uns que les autres, à la syntaxe chancelante et à la lourdeur d'un autre temps. J'aime toujours déguster les vins de Bourgogne ou d'ailleurs, ils sont mes madeleines, mais maintenant je vais volontiers m'asseoir à des tables où le vin est présent pour parler d'autres sujets que de lui.

Je ralenti mon allure pour bien des choses. Tant les dégustations exagérées que mon pas dans la rue. Je réévalue la lenteur dans les actions et les pensées. Ralentir était auparavant immoral, démoralisateur, destructeur, subversif, à mes yeux. Mais j'ai tellement jeté d'ingrédients dans mon faitout de vie : des amitiés, des objets, des rêves, des forces. Envie de profiter des fruits de cette recette. Je veux être à la fois la cigale qui profite jouissive et la fourmi qui accumule contemplative. Envie d'être à la fois le lièvre qui vit sa vie à 100 à l'heure et la tortue au pas mesuré. Penser mon existence d'une manière différente et d'un nouveau slow lifestyle. Me rapproprier un rythme. Vivre l'instant présent, une simplicité volontaire. Oublier le futur. Éliminer le superflu. Me sentir plus libre. Choisir le plus beau chemin à prendre, les plus beaux paysages à traverser pour aller d'un point A à un point B.

Je ne suis plus ni alsacien, ni bourguignon, ni tourangeau. Je suis Cadet Rousselle. Je change souvent de maison pour loger au plus près de mes fils, alternativement. J'acquière la culture culinaire de leurs terres d'exile. Mais ils n'ont finalement ni mes défauts, ni ceux de leurs aïeux. Ils sont eux, ce qu'ils ont décidé d'être. Quelquefois, ils m'entourent de leurs bras, ils m'embrassent et brassent mes souvenirs. Je redécouvre alors l'amour qu'ils m'offrent. Et ce même sentiment, indéchiffrable, improposable, imprononçable, indéfinissable, insaisissable, impalpable, je tente de leur retourner à mon tour discrètement. J'ai encore l'image de mes chérubins que je portais tous deux en même temps, l'un et l'autre accrochés à chacune de mes épaules, soulevés à bout de bras. Je me vois encore partager leur repas : « une cuillère pour maman, une cuillère pour papa, une cuillère pour toi ». Mes poignées d'amour me permettent de m'en souvenir. Je commence à comprendre, à saisir l'absolu de nos vies et de l'essence de leurs sens. Longtemps, je ne comprenais pas leurs sujets de conversation, quand ils employaient un jargon d'ingénieurs mathématiciens ou informaticiens. Aujourd'hui leurs paroles me bercent. Leur présence me réchauffe. Leurs sourires illuminent ma journée. Et l'assemblée que l'on forme avec les membres de notre tribu, réunis autour de la table, me donne un plaisir et une sérénité impossibles à cacher. Nos différences d'âges enlacés, nos visages collés pour une photo de groupe, nos cheveux enchevêtrés, dessinent une sorte de perspective arcimboldesque. Le chemin continuera, avec ou sans moi, mais il durera. Mon regard commence toutefois à s'assombrir un peu, en fin de repas. Dans mon fauteuil, au bout de la table, mon menton se rapproche de ma glotte, mes épaules s'abaissent, mes mains se rejoignent sur mon ventre. Tout est calme. Plénitude. Je rejoins mes songes dans une micro-sieste. J'entends leurs rires. Ils rient de moi et j'aime bien cela. Dans une phase de lucidité, faire rire la table en racontant mes peurs d'enfant. Quand exceptionnellement je priais en buvant de grandes rasades d'eau bénite provenant d'une fiole en plastique en forme de Vierge Marie. Aspirer sa tête, quand j'entendais la portière de la G.S. Citroën claquer à son retour du conseil de classe de collège. Comparer la puissance des eaux de Bernadette Soubirous et celle bénite par le Pape, pour éviter la claque quand ma mère atteindra ma chambre. Quelle arnaque cette eau, ça n'a jamais marché.

La mélancolie l'emporte sur la nostalgie. Ma vie fut un arbre étrange où chaque ramification a fleuri à une saison différente, puis s'est éteinte. Cette arborescence aux mille chemins, plus ou moins longs, plus ou moins vigoureux, aux mille segmentations ligneuses à découvrir, aux milles rafles pédicellées à mâcher pour tester, c'est tout simplement la vie. Il persiste un goût dans ma bouche. Une bouche légèrement tannique. Un goût d'amertume et d'astringence. Une impression d'assèchement. Je m'épuise. Je me déshydrate de ce qui irriguait mes sens et mes motivations. Je me dessèche et mes projets sont à l'état de dessication, de poussière. Une vie passée avec de la poudre aux yeux, de la perlimpinpin. Qu'ai-je réellement fait de concret, durant tout ce temps, sinon souffler tantôt sur le vent, tantôt sur les braises ? Besoin de rallumer le feu, dans ma vie. De remettre du bois dans la cheminée, pour continuer d'avoir chaud au cœur. De trouver un combustible qui me permettra d'être encore enflammé, ardent, enthousiaste. Besoin de nouvelles passions. Le meilleur morceau de ma vie, la plus belle partie à croquer, reste devant moi, à préparer. Cela fait tellement longtemps que tout cela mijote, il me faut maintenant dresser et envoyer. Envoyer tout valser.

« Auprès de mon arbre, je vivais heureux. J'aurais jamais dû m'éloigner de mon arbre ». Ce chêne à côté de la cabane sur lequel je grimpais pour voir les chasseurs au loin, ce beau tilleul tourangeau malade lors de l'achat de notre maison familiale, le palmier en milieu urbain qui dépassait les faitages, ils m'auront survécu. J'aimais y vider ma vessie. Ma vessie n'est plus qu'un filtre mal maîtrisé. Mais était-ce là, la seule satisfaction d'éliminer, qui m'a porté à déguster ces vins ? On me les sert toujours, mais je m'éloigne de plus en plus des vins. Louange à cet éloignement. Je les croise toujours de temps à autre dans mon verre, mais je quitte au fil des années les privilèges du plaisir œnologique comme de sa connaissance. Par le passé, je ne l'aurai lâché pour rien au monde. Mais, lui être infidèle, et ne plus me considérer comme esthète, stakhanoviste, du monde du vin, me rend libre. Libre que mon esprit puisse développer ses pensées autour d'autres sujets, vers d'autres cieux. Libre de ne savoir que faire de mon esprit, de cette faveur qui m'est offerte. Ma plume avance alors sur le papier. Sa sinuosité n'a plus de sens. Je cuve mon encre chaque nuit. Dans ma prison-corporation de sommelier, je veillais toujours à répéter les mêmes prescriptions que mes pairs. Mes mobiles étaient bien frivoles. Priorité aux sensations, narcissisme de l'expérience gustative, pluralité des paradigmes du goût, ... Une propension puérile à écouter le normalisme plutôt que l'humain et l'émotion. On sonne à la porte, je sursaute, mes doigts se crispent, mon verre éclate sur le carrelage. Je perds en maitrise comme je perds en capacité à être vertueux.

Si l'enseignant prétend arriver à former et élever les hommes, à leur apprendre à forger une vertu ou une maitrise, comme un élevage en cave, mon vieillissement ressemble finalement à celui d'un vin. Ai-je conservé les valeurs d'un des terroirs où j'ai vécu ? Ai-je préparé ma vieillesse ? Je n'ai jamais ni atteint ma pleine maturité, ni gagné en sagesse. Seul le repos dans l'obscurité, pour apaiser mes migraines, me rapproche de la bouteille en cave. Que peut-on apprécier chez le vénérable gastronome que je représente ? Mes textes anciens aux pages jaunies de livres poussiéreux ? Mon discours patrimonial et passéiste ? Mes souvenirs gustatifs trompés par ma mémoire vacillante ? Avec ses foutus maux de tête, ma mémoire commence à me jouer des tours. Les photos jaunies, qui me servaient à la rafraichir, ont en partie disparu dans les différents déménagements, sans avoir eu le temps d'être numérisées. Mais je retrouve un bon de commande de cuisine dédicacé par Johnny Halliday. Ou presque. Il s'agit en réalité de mon écriture. J'adorais répondre aux requêtes des cuisiniers qui me sollicitaient pour avoir une dédicace des stars de passage au restaurant. Faussaire en herbe, de ma plus belle écriture, j'usurpais l'autographe du rocker et l'offrais au cuisinier qui heureux me glissait un soufflé au chocolat ou un tournedos de homard en échange. Nombreuses sont aujourd'hui mes signatures truquées encadrées chez mes anciens collègues, voire dans la salle de leur propre restaurant. Je me revois encore durant des heures de ménages passées à lustrer les immenses dalles en Comblanchien de l'Espérance à Saint-Père-sous-Vézelay, à courber l'échine sur le balai brosse. Mon corps se souvient et ressent. Je revois le millimétrage mesuré pour que la mise en place des couverts soit parfaitement espacée et que les nappes longues rasent parfaitement le sol à l'Abbaye Saint Michel de Tonnerre. Je revois la trajectoire parfaitement symétrique du chemin de table qui traversait l'ovalie du plateau sur tréteaux à l'Auberge des

Templiers de Boismorand. Je revois les chefs de rang de Chagny en bras de chemise pour déplacer les meubles chaque matin et organiser la carcasse, et le maître d'hôtel en blouse pinceau à la main faire des retouches de peinture blanche sur les murs mouchetés. Tout devait être parfait ! Mais finalement rien ne l'a été dans ma vie.

J'ai échoué. Mes amis de trente ans n'ont pas changé d'opinion, malgré mes tergiversations sur la subjectivité du bon. J'ai beau leur avoir fait rencontrer des vignerons, découvrir les vendanges et la Saint-Vincent tournante, leur avoir dit de savoir accepter comme refuser un verre, de ne pas toujours finir les bouteilles, d'estimer qu'il n'existe pas de bon vin au singulier mais des multitudes de représentations de la qualité, et que le bon vin dépend du moment de partage, les plus chauvins d'entre eux sont devenus des nationalistes du vin. Ils s'accoutument aux vins de leur région, d'une marque, d'un domaine qu'ils ont rencontré, au point de ne plus en démordre et de découvrir si peu finalement. Je ne suis pas arrivé à les aventurer en terroir inconnu, ou leur faire ouvrir les livres de sciences humaines plutôt que de sciences œnologiques. L'ambition secrète d'un prof est de réussir, quand sa pédagogie est enfin mûre, accomplie, pour devenir une « forme de pensée à transmettre » plus qu'une « façon d'enseigner ». Nostalgie d'un fantasme. Le chemin de ma vie à bifurqué, s'est remis en cause. Mais m'appartient-il finalement ? Je me renvoie l'image du chef cuisinier qui est considéré comme « artiste » à compter que des disciples le copient. Je croise des jeunes qui me font penser à moi au même âge. J'ai laissé glisser les années sans regarder autour, avec toujours la mire sur fond noir, la mire de l'écran de télé, comme point de perspective. Le miroir ne reflète plus le même homme, plus le même corps. Un corps marqué par le temps et les guerres psychologiques. Seul dans ma salle de bain, je redeviens l'enfant qui se cachait dans le confessionnal, qui pleurait sans savoir pourquoi, qui était traversé par une douleur indescriptible, qui était assailli de questionnements sur son avenir inaccessible. L'horizon de demain me parait perceptible finalement, si proche. Les choix de routes à venir sont maintenant moins nombreux.

De ma fenêtre, je vois des lapins sortir dans leur terrier qu'ils façonnent, et suivre les traces qu'ils dessinent dans les vestiges urbains, dans les ruines industrielles. Je passe mes journées le nez collé à la vitre à attendre la moindre vie passer dans mon champ de vision. La pollution visuelle a gagné en parts de marché sur la pollution climatique. A force de joutes entre politiciens, chacun a ajouté sa stratification au millefeuille de projets destinés à tenter d'endiguer les soucis environnementaux. Ils n'ont fait que l'amplifier. On a offert aux lapins, bien plus qu'un terrier, mais une ville, un pays, un continent, une planète en terrain vague, sur laquelle ils pourront élever des clapiers de gratte-ciels. Un lièvre stoppe net, dans sa cavalcade, et me regarde, avide d'énergie. Comme son aïeul, croisé à la cabane de chasse quand j'étais enfant, il a une sorte de poils en or. Il sait qu'il a gagné. Nature versus Culture. Illusions perdues des discours de Lévi-Strauss. L'animal a repris les droits de son genre. Et nous sommes maintenant enfermés dans notre vision étriquée du monde, dans nos cellules de survie, dans notre confinement sanitaire, dans notre système social, dans nos tours d'ivoire.

Le cri d'un bébé résonne dans une clinique. J'y vais de ce pas pour faire sa connaissance.

2068, j'ai 97 ans.

Depuis la turbulence de l'enfance, j'ai maintenant atteint la prostration du vieillard. Homme d'action devenu contemplatif. Ma mémoire me joue de plus en plus de tours. Je me demande si mon imaginaire n'a pas finalement transformé voire créé tous ces personnages de ma jeunesse. Si je n'avais finalement vécu sans avoir rencontré qui que ce soit de particulier. J'ai peut-être simplement traversé ses années à côté de gens tout à fait ordinaires qui n'ont fait que de reprendre le métier de leurs parents, dans la bourgade où ils sont nés. Une chose est certaine, le dieu dont on a tenté de me faire incorporer par ses sacrements et idéos, celui-là même qui était accroché à sa croix au-dessus du chœur de la collégiale Saint Martin, a bien changé. Lui et ses sacrés textes m'ont fait fièrement tourner le dos à la croyance divine puis quelquefois revenir la tête baissée. Lui et ses cousins éloignés, leaders en goguette, ne prônent plus l'amour et la sérénité, mais des promesses de voluptés. De la poudre aux yeux. Pour ces promesses, certain prennent des armes, d'autres en sont fans ou les profanent. La sérénité n'est plus à la mode dans les différents modèles religieux. Ma vie, elle, n'est plus qu'un syncrétisme, un assemblage de théories et de chemins disparates. Pour admettre tout ce qu'il s'est passé et faire mes confidences, il faut bien que je prenne un petit verre de Chablis. Je commence à oublier, le Chablis m'aidera à me souvenir. Qui reste-t-il autour de moi pour me rappeler les choses que j'oublie ? A moins que je ne fasse que de les fuir. Ai-je fait tout ce que j'avais promis ? Promis à mes proches, à mes amis, à moi-même ? Ma vie ressemble à un rouleau de sopalin auquel il ne reste qu'une feuille. Chaque année fut détachée délicatement ou énergiquement. Soit j'ai frôlé les contours d'une bouche, soit j'ai épongé des déboires ou absorbé mes débordements, soit j'ai essuyé un accident, soit je m'en suis lavé les mains. Suis au bout du rouleau. La dernière feuille se délite et part en lambeaux. Plus d'unité, perte de cohésion pour ces pages de temporalité, pages qui racontent une simple vie. Qu'est-ce qui m'attend ensuite ? Un noyau. Rien. Le vide. Une déception. Rien à voir avec l'œuf Kinder, pas de cadeau de fin de vie, pour ma pomme.

J'ai appris que Cyril Lignac, lui, était entré à l'Académie française, grâce à son grand discours sur « le plat gourmand et le produit sublimé ». Je suis invité ce soir au vernissage de fermeture de la dernière Cité de la gastronomie encore existante. Qui aurait pu penser qu'elles tiendraient jusque-là ? Le Crillon est devenu un garage de luxe. Les adieux de Yannick Allèno couronnent l'année, cinquante ans après Bocuse et Robuchon. Le fils de Guillaume Gomez a racheté la majorité des parts du groupe DARCH (Ducasse-Accor-Relais&Chateaux-Hilton). Pour moi, ça fait longtemps que l'agueusie m'a emporté. Mais je vois quand même passer des assiettes artistiques dont l'esthétisme alimente ma vie. Depuis la loi Kylian Mbappé qui porte sur la santé par le sport, tous les bistrots sont fermés mis à part les tripots underground. Les bières d'aujourd'hui sentent plus le fruit que les céréales. Usbwine existe maintenant réellement, et n'est plus un fakenews du web. Les Restos du cœur sont devenus une chaine TV qui profite plus aux chanteurs qu'aux démunis. Les steaks tartares prennent la forme de la tête de la présidente de la République grâce aux imprimantes 3d ménagères.

Au milieu d'un petit village, dans un des derniers vide-greniers encore organisés, à côté d'un vieux Thermomix 2017, j'ai trouvé un de mes livres. Je pensais qu'ils avaient tous fini au pilon, à la déchetterie pour chauffer les plus démunies, ou en pâte végétale pour nourrir les vaches. Mon bouquin est vendu à côté d'un exemplaire de Colas Breugnon de Romain Rolland. Pas envie de le lire. Trop peur d'y croiser des visages familiers. Le bouquin est juste posé dans ma main, comme une pierre, comme un poids. Je le regarde, sans avoir le réflexe de le feuilleter. Au dos, la photo de l'auteur, ma tronche, avec cinquante ans de moins. Il me glisse des mains comme tous mes autres écrits que je n'ai jamais su maitriser. Dans le creux de ma main, j'aperçois mes lignes qui creusent des chemins entre mes doigts. Des destins jamais conclus. Dans un vieux miroir posé par terre, seuls mes yeux ressemblent encore à ce que j'étais. Dans mon ventre, je ressens mes intestins faire des nœuds.

Est-il temps de rechercher ces vieilles prières que l'on me faisait apprendre enfant ? Esprit souterrain. Finalement ce sont des souvenirs proustiens qui traversent ma tête, celui d'un pique-nique dans les lieux publics aujourd'hui fermés, d'un déjeuner sur l'herbe aujourd'hui interdit et d'une pêche au lamparo avec mes enfants au Vietnam aujourd'hui inaccessible. J'ai mal à la tête. La douleur du partir crève mon quotidien, car je suis malade. Non pas à cause des adorables passions qui jadis envahissaient mon esprit, ces plaisirs que je portais en dévotion et qui ont fait de moi un esclave. Non pas ces passions-là. Mais les exagérations de tables qui les accompagnent, qui ont construit ma vie et qui définissent aujourd'hui mes frontières du raisonnable. La table m'a enterré à feu doux, « cuisson à basse température », au fil du temps. Je ne cache pas l'ombre des remords d'avoir critiqué certains plats et regrette de n'avoir pas su profiter de tous les mets qui existaient. L'appétit me manque aujourd'hui dans tous les sens du terme.

Sous l'arc de triomphe, la statue en chocolat de Pierre Hermé, sous sa cloche réfrigérée, remplace depuis trente ans l'ancienne flamme d'un inconnu. Les fils Troisgros sont toujours élus présidents du Conseil territorial d'indépendance alimentaire Rhône-Alpes-Auvergne, en concurrence avec les filles Loiseau titulaires du même titre sur le Duché de Bourgogne-Franche-Comté.

Certains de mes anciens élèves d'écoles hôtelières sont devenus tribuns : l'un a fait une carrière de rappeur, un autre est acteur, et un troisième est devenu sénateur. La plupart sont certainement serveurs voire ont quitté ce métier qui manque d'humanité pour se tourner vers une recherche d'eux-mêmes. Ce métier de serveur est tellement répétitif, on ne peut pas jeter la pierre à ceux qui souhaitent trouver une porte de sortie de secours. Si la gastronomie est synonyme de savoir-faire, elle est surtout incarnée par des techniques et par des recettes, par la répétition du geste. La répétition, c'est justement l'origine de l'âme de l'artiste et de sa création artistique. Pourtant le résultat final de la gastronomie est un travail collectif, un travail de brigade. Mais le maître oublie trop souvent de placer ses disciples artisans dans la lumière. Les jeunes rêvent de lumière, ils ne rêvent pas d'être des « hommes de l'ombre ».

J'aurai voulu mourir comme le Baron Brisse, sur scène. Aurai-je encore une digestion ou indigestion de table quand je serai loin d'elle ? Pourtant le vin d'ici vaut mieux que l'eau de là. Je n'appartiens plus réellement à ce monde gastronomique. On m'a baptisé non pas d'une goutte de Jurançon comme Henri IV, mais récemment des saveurs de la restauration gériatrique. J'ai beaucoup de plaisir à respirer les vins, mais je ne les bois plus. Etablir avec le vin une connivence, le regarder dans les yeux, sans lui parler, construire une nouvelle forme de relation. Il sait ce que je pense de lui. J'ai aimé la gastronomie « à en perdre la raison, à n'en savoir que dire ». Tout juste dire que « c'est bon » au point d'avoir eu envie de débattre sur cette affirmation. Je n'ai connu que cet univers, avec ses saisons et ses passions, qui ont fini par transformer mon bonheur en faiblesse, celle de mon esprit, retombant sur les contours de mon corps. Les cuisines amoureuses de la tradition ont illuminé mon enfance. Les fragrances œnologiques, ces saveurs simples que j'ai recherchées sans cesse et souvent retrouvées dans ma quête des grands crus, sont devenues trop volatiles pour moi. Elles se sont envolées.

Mes pensées se recroquevillent dans mon esprit. Elles deviennent invisibles. Comment conserver leur manifestation ? Mes signes extérieurs du sensible ne sont plus liés à mes idées, mais à mes craintes, mes peurs, mes angoisses. Ma sensorialité se limite à la cuisine molle qui m'est livrée. Mes mots s'appauvrissent et ne signifient plus ma pensée. L'institution qui m'héberge est arbitraire sur ma façon de manger, sur mes horaires de repas, sur mes goûts, sur mes perceptions et significations de la vie. Absence de liaison naturelle entre les mots de mes congénères et le monde auquel j'aimerais rêver. Le vocabulaire alimentaire est conventionné : purée, produit laitier, diurétique, sans sel,... Résultat d'une déperdition de la langue. Suis-je encore propriétaire de moi-même ? Cet établissement a une souveraineté illimitée. Abandon de la quasi-totalité de mes libertés naturelles. Ce souverain se sent dégagé de toute obligation de m'offrir du plaisir.

J'ai l'impression d'appartenir au Moyen Age quand je raconte les années 1980. Mes banquets au restaurant de la Boule d'or à l'âge de 13 ans, mon ascension dans les brigades des trois étoiles Michelin, les repas illustres de Kohl et Mitterrand, du mariage de la princesse japonaise et du prince de Bourbon, comme de la Saint-cochon avec

Johnny Halliday et Eddy Barclay et leurs petites amies de l'époque. Sans oublier les heures partagées avec Coffe et Gainsbourg. Les mots échangés avec eux se sont envolés de ma tête. Quand on m'en parle, c'est comme s'ils avaient finalement été énoncés dans une langue étrangère, par quelqu'un sans visage… dans la pénombre. Les colis alimentaires et repas philanthropiques de l'association de mon grand-père auraient certainement l'allure d'une holding internationale aujourd'hui tellement la misère court les rues. Les « assiettes anglaises » de la « kermesse paroissiale » sont des termes qui appartiennent à une autre époque. Les gueuletons de chasseurs dans la cabane au fond des bois avec mon père et ses copains sont devenus illicites. Les bourriches d'huitres et le verre de blanc sur le marché du village sont réservés à des classes sociales très aisées. Les vendanges chez les amis doivent aujourd'hui être effectuées sous autorisation préfectorale. Et le lait de la ferme un peu rosé en période des vêles, la vache folle est passée par là pour le diaboliser. Il me manque, ce lait, qui favorise la tumeur de mon colon. La pureté et l'uniformité blanche du lait se bariole à mes yeux. Mes yeux pleurent sans cesse et donnent des reflets aux objets que j'observe. Les consistances du lait se multiplient. J'ai l'impression qu'il est tantôt dur, mou, chaud, froid, doux, salé, cru ou cuit. La lecture de la texture par mes dents n'est plus qu'un lointain souvenir. Nouveau décryptage du monde qui m'entoure. Classifications totémiques. Celle du lait de la naissance transformée en collation probiotique. Celle du sucre tabou et adulé. Celles des interdits alimentaires, si nombreux, si frustrant. Opposition signifiante de chaque objet, de chaque bouchée, à l'ordre régit par la maison de retraite qui tente d'envahir et rythmer ma vie. Mes temporalités sont rythmées par les repas. Unique pendule à la maitrise du temps. Un pressentiment se renforce quand le rythme du quotidien est monotone. Tenter de garder mes capacités d'hominisation. Conserver mes rites à travers mes actes de mangeur. S'opposer aux privations et leurs retentissements psychologiques. Autour de moi, des carences en tout genre, en vitamines essentielles comme en plaisirs nécessaires, viennent s'asseoir à côté des mauvaises acquisitions et des excès. Une symbolique qui réduit la durée et la valeur des acquis.

De nos jours encore, alors que la science s'est tellement développée qu'elle a pris le pas sur la nature humaine, l'homme préfère toujours se fier aux préjugés et à tout ce qu'on lui a appris enfant. Il vit toujours dans ces normativités que j'ai tant combattues. Même si tout est différent, j'essaye de relativiser en me disant que rien n'a changé : l'hédonisme est toujours au cœur des préoccupations de chacun, malgré les intempéries de la société. Le relativisme est tout de même là pour tenter d'atténuer le normalisme que l'on m'a également inculqué lors de chacune de mes étapes professionnelles. Toujours tenter de gommer ce carcan des normes, ce clivage, cet absolutisme. Mais le relativisme ne serait-il pas finalement devenu une norme en lui-même ?

Mes souvenirs gastronomiques défunts ne sont plus compris par personne. Mes petites histoires dans la grande histoire. J'ai l'impression d'être le seul à encore détenir les références de la cuisine bourgeoise et de la nouvelle cuisine.

La cuisine moléculaire a fait son grand retour, il y a vingt ans lors d'une promo « vintage ».

L'autre jour, j'ai fêté tout seul, dans mon coin, les cinquante-huit ans de l'inscription du repas gastronomique des Français au patrimoine de l'Unesco. Mise en pré-retraite, plus personne ne s'en souvient.

Ici, le mot « maladie » n'existe plus et a été remplacé par « cancer ». On a un cancer de tout aujourd'hui. Coluche avait eu une prédiction avec son « cancer du bras droit ». Dans la continuité de cette évolution terminologique, le crabe est devenu un animal prohibé par la morale. Tandis que les insectes, eux, ont leur rayon spécialisé dans les magasins en ligne.

Des verts prés où enfant je gambadais, où les arbres défendaient leurs cimes, des villages perdus sur des collines où je grandissais, où les églises étaient pleines, des petites places aux ruelles de nuits, des cafés d'ados où régnait l'ennui et naissaient les injures comme les amours primaires, j'ai glissé de villages en patelins. Je suis passé des champs isolés aux centres urbains. Je suis allé voir les lumières, sorti de l'ombre d'un père, d'une mère, au combat d'un ring et d'une jungle, pour des médailles auxquelles on m'a épinglé en tentative d'immortalité. J'ai avancé avec découragement. J'y ai cru avec toujours le doute en écharpe.

Je m'étais toujours dit que je reviendrai un jour à la restauration dans un établissement somptueux que je copiloterai avec une équipe. Mais cette bravade comme d'autres vertueuses idées sont restées dans l'ombre d'un tiroir, et mes nombreux bavardages idéologiques, multipliés dans mes ouvrages, sont restés et resteront dans le silence de l'hiver de ma vie. Pourquoi suis-je d'ailleurs encore en vie ?

Je suis maintenant comme un bois perdu, échoué, bois flotté, en déperdition au bord de la Loire, comme une liane nouée de tresses. Un problème nodal. Toujours plus ou moins pris dans les vaisseaux de verre de Balavoine, mes messages luttent pour tenter de se faire comprendre. Personne n'en comprend la détresse. Mais les vagues de la vie me ramènent au bord. Tous mes cris, tous mes SOS dessinés durant ces nombreuses années sur les plages de mes passions, laissent tout de même une trace, un goût amer, dans chaque verre d'eau. Je ne suis plus que l'écume qui ne représente aucune beauté particulière. Adapté d'une esthétique cornélienne, disons hideuse, je suis un homme usé, âgé, au visage sans usage. Je me saoule avec le bruit qui m'entoure sur ces derniers instants. Je me raccroche à ce dernier bout de vie. Les regards se détournent du mien. Je regarde mes yeux au miroir. Dans un vide absolu, mon regard est résolu. Il a cessé ses projections, ses perspectives. Ma vision est sans concession, illégitime et indéfinie par le temps. Combien de temps encore ? Le temps creuse les jours comme les sillons de mon visage. Les repas d'un homme seul et isolé n'ont plus le goût du partage, n'ont plus aucun goût. Des journées sans raison d'être, creusant un trou, avant mon dernier discours, mon ultime conférence devant un public, un curé, un autel, un bénitier, un fossoyeur. Je vais gouter à la salade de racines de pissenlits.

La mort est-elle une fin de la vie ou une partie de la vie ? A la naissance, on parle de donner la vie, mais l'embryon existe déjà depuis de nombreux mois comme une personne en tant que telle. Alors, quand mon cœur aura cessé et que mon corps continuera encore pendant quelques temps de dépérir, sera-t-il encore temps de parler de « vie » ? Si la vie est une connerie, la mort serait-elle un cadeau de la vie ? Fatema, une amie restauratrice, m'avait raconté qu'en Occident on met en opposition systématiquement la vie et la mort, alors qu'en Orient la naissance et la mort ne sont que des moments de la vie de l'esprit. Quand mon corps s'effacera, mon esprit gourmand restera-t-il ? C'est rassurant d'y croire, même si sortir du ventre d'une mère puis retourner in fine dans la pénombre restent des passages de vie à appréhender. Je ne maîtrise pas les difficultés de mon bel âge que je voudrais quitter. Je subis les effets sans faire aucun effort. Une porte de frigo mortuaire se referme devant moi. Reste tout ce que je n'ai pas dit à mes fils, mais ils le savent déjà.

Je pose mon stylo et estime avoir terminé un manuscrit futuriste. Le contrat accepté par l'éditeur est posé sur mon bureau, signé, cacheté. Mais j'hésite à le poster depuis de nombreux mois. Finalement à quoi servent tous ces livres ? A rien. A poser des mots sur le vent. A souffler de l'encre sur une feuille. A marquer d'une pierre, une idée dans le temps, pour qu'elle roule, pour qu'autrui puisse la ramasser, s'en emparer, s'en imprégner, s'en satisfaire. Mais je suis mécontent de cette fin, comme toujours. J'ai mal à la tête. Cette fin ressemble à aujourd'hui. Noire. Ce mal de tête est insoutenable. Comme toujours mon paracétamol atténuera à peine le dilemme. Le vieux fusil de chasse de mon père est caché derrière ma bibliothèque. Sans envie d'en arriver là, comme pour simuler une tentative, comme pour voir ce que je pourrais éventuellement ressentir, comme pour faire peur à cette céphalée, je pose le canon sur mon front. Déjà le métal froid rafraîchit ma tête et atténue la douleur. Instinctivement mon doigt est proche de la gâchette. On sonne à la porte !

Du même auteur

Petite philosophie de la gastronomie,
Éditions Bréal, 2024

A la recherche de l'Orgasme gastronomique,
Éditions L'Harmattan,
collection Questions alimentaires
et gastronomiques, 2023

Passions dévorantes : De la gastronomie et de l'excès
(codir. avec J-J. Boutaud),
Éditions le Manuscrit Savoirs,
collection Addictions, 2022

Le modèle culinaire français
(codir. avec B. Laurioux),
Presses universitaires François Rabelais,
collection Tables des Hommes, 2021

Les poètes de la bonne chère :
nouvelle édition, collection Petite Vermillon,
Éditions de la Table ronde, 2017

ISBN : 978-2-81220-509-5
222, Boulevard Pereire - 75017 Paris
www.ramsay.fr

Réalisation : Ramsay Médias, Romorantin (41)
Imprimé en France par CPI (180616)
Dépôt légal à parution